LA
FORMULE
GAGNANTE

LA
FORMULE
GAGNANTE

PEGGY McCOLL

Traduit de l'anglais par
Christine Lefranc

A·D·A
éditions

Éditeur : François Doucet
Traduction : Christine Lefranc
Révision linguistique : L. Lespinay
Correction d'épreuves : Suzanne Turcotte, Éliane Boucher
Conception de la couverture : Charles McStravick
Montage de la couverture : Matthieu Fortin
Photo de la couverture : © Thinkstock
Mise en pages : Mathieu C. Dandurand
ISBN papier 978-2-89667-639-2
ISBN PDF numérique 978-2-89683-527-0
ISBN epub 978-2-89683-528-7
Première impression : 2012
Dépôt légal : 2012
Bibliothèque et Archives nationales du Québec
Bibliothèque Nationale du Canada

Éditions AdA Inc.
1385, boul. Lionel-Boulet
Varennes, Québec, Canada, J3X 1P7
Téléphone : 450-929-0296
Télécopieur : 450-929-0220
www.ada-inc.com
info@ada-inc.com

Diffusion
Canada :   Éditions AdA Inc.
France :   D.G. Diffusion
                Z.I. des Bogues
                31750 Escalquens — France
                Téléphone : 05.61.00.09.99
Suisse :   Transat — 23.42.77.40
Belgique :   D.G. Diffusion — 05.61.00.09.99

Imprimé au Canada

Participation de la SODEC. $SODEC$
Nous reconnaissons l'aide financière du gouvernement du Canada par l'entremise du Fonds du livre du
Canada (FLC) pour nos activités d'édition.
Gouvernement du Québec — Programme de crédit d'impôt pour l'édition de livres — Gestion SODEC.

Catalogage avant publication de Bibliothèque et Archives nationales du Québec
et Bibliothèque et Archives Canada

McColl, Peggy, 1958-

    La formule gagnante : le secret «unique» pour une vie pleinement satisfaisante
    Traduction de: The won thing.
    ISBN 978-2-89667-639-2
    1. Actualisation de soi. 2. But (Psychologie). 3. Succès - Aspect psychologique. I. Titre.

BF637.S4M3214 2012   158.1   C2012-940857-3

À celui qui est tout pour moi :
mon fils, Michel.

Éloges pour *La formule gagnante*

«*Si vous voulez savoir quelle est cette formule unique, Peggy vous la montrera. Lisez ce livre et découvrez la seule chose que vous avez besoin de connaître maintenant!*»

— Mark Victor Hansen
cocréateur de la série à succès *Bouillon de poulet pour l'âme®*, auteur de *Le Millionnaire Minute, Réveillez le millionnaire qui est en vous* et de *Richest Kids in America*

«La formule gagnante *est l'ouvrage que beaucoup attendaient. Il propose une solution simple mais puissante permettant d'avoir une vie réussie et plus satisfaisante. Lisez-le et constatez l'épanouissement de votre vie!*»

— Marci Shimoff
auteure à succès de *Le Bonheur s'apprend*, best-seller du *New York Times* et coauteure de *Bouillon de poulet pour l'âme de la femme*

«*Summum de la simplicité,* La formule gagnante *pourrait être LA solution que vous avez attendue pour vous catapulter de l'ordinaire vers l'extraordinaire!*»

— Bob Proctor
auteur à succès de *Potentiel illimité*

« *La vie est un voyage d'apprentissage. Peggy McColl ouvre son cœur et partage sa remarquable histoire personnelle et les événements qui l'ont conduite à la découverte de LA formule (le secret d'une vie réussie et pleinement satisfaisante)* »

— **Bill Bartmann**
coach d'entreprises milliardaire

« *Peggy a partagé des années de recherche et sa propre application personnelle de ces théories dans un livre facile à lire et à comprendre et, plus important encore, qui contient des conseils utiles pour tous. Cet ouvrage est rempli de vérités que chacun peut apprendre et appliquer immédiatement pour stimuler sa propre vie et la propulser vers le prochain niveau de réussite.* »

— **John Assaraf**
coauteur du livre à succès *La réponse ; lancez
n'importe quelle entreprise, atteignez l'indépendance financière et vivez une vie extraordinaire*

« La formule gagnante *répond à la question dont beaucoup meurent d'envie de connaître la réponse... Quelle est " la formule unique " qui m'aidera à mener une vie couronnée de succès ? Peggy McColl est passée maître dans l'art de faire la part des choses pour révéler la vérité ! À lire absolument !* »

— **Crystal Andrus**
auteure à succès de *Simply... Woman!* et *Trans-
cendant Beauty*

« *La bienveillance authentique et la connaissance de Peggy s'expriment à chaque page de ce merveilleux ouvrage,*

La formule gagnante. *Non seulement son approche éveillée vous inspirera, mais elle vous aidera certainement à découvrir votre formule unique. »*

— Sandra Anne Taylor
auteure à succès du *New York Times* pour *Le quantum de la réussite* et *Les secrets de la réussite*

« Peggy McColl a imaginé une manière habile de susciter la réflexion pour découvrir le secret permettant de mener une vie prospère. Ouvrez ce livre sans tarder et mettez-le en pratique dans votre vie. »

— Gay Hendricks Ph.D.
auteur de *Le grand bond* et *Les cinq vœux*

« Si vous voulez donner un sens à votre vie — si vous voulez savoir quelle est vraiment cette formule, ne cherchez pas ailleurs que dans les pages de ce livre. La formule gagnante est sans doute LA solution que vous attendiez. »

— Arielle Ford
auteure à succès du *Secret pour trouver l'âme sœur*

« Pour ceux d'entre vous qui ont apprécié La switch de votre destin, *Peggy McColl vous propose un autre chef d'œuvre. Vous allez certainement aimer* La formule gagnante *! »*

— David Riklan
fondateur de **SelfGrowth.com**, le meilleur
site web de travail sur soi

TABLE DES MATIÈRES

AVANT-PROPOS

En lisant le manuscrit de *La formule gagnante* pour me faire une idée de l'essence de ce livre, jamais je ne me suis senti aussi en phase avec Peggy. En fait, je l'ai connue il y a quelques années par l'intermédiaire d'amis personnels, et nous appartenons tous deux à un petit groupe d'écrivains qui organise et dirige des débats chaque semaine pour trouver des moyens de nous entraider à propager nos messages d'espoir et de réussite à travers le monde.

En lisant cet ouvrage, j'ai découvert que presque tous ceux qui ont vu leur vie couronnée de succès ont appris leurs secrets par phases successives, sur une base régulière et non à la suite d'une révélation incroyable et soudaine.

Nombre de ces principes se sont transmis de génération en génération, mais la plupart des gens n'appliquent jamais ce qu'ils apprennent — ils se contentent d'accumuler les informations, sans jamais les mettre à exécution. Je pense, pour ma part, que c'est l'action qui provoque l'attraction, et que faire les choses dans le bon ordre fait tout la différence.

Peggy a dû faire face aux mêmes problèmes que les autres, mais elle a décidé de relever ces défis et de faire partie de ce genre de personnes qui grandissent, apprennent et agissent, quelles que soient les circonstances.

Il semble que ce soit là le fil conducteur qui relie tous ceux qui réussissent à devenir prospères : ils ont cette attitude de «quoi qu'il arrive», celle qui caractérise Peggy. J'ai senti, tout au long de la lecture de ce livre, que suivre sa sagesse et réussir est à la portée de tous.

Bien que le titre de ce livre extraordinaire promette la formule «gagnante», sa vraie richesse tient dans la simplicité de ses conseils afin d'apprendre à penser et à agir différemment. S'il est vrai que la réussite laisse des traces, alors ce livre est plein de vérités montrant que chacun est capable d'apprendre et de s'appliquer immédiatement à dynamiser sa vie et à la propulser vers le prochain niveau de réussite. Peggy a partagé des années de recherches et la mise en pratique personnelle de ces idées dans un livre facile à lire et à comprendre, mais plus important encore, renfermant des conseils utiles pour tous.

Des milliers de gens du monde entier m'ont demandé ce qu'il fallait faire pour atteindre la réussite et je peux dire honnêtement que la réponse est très simple : pensez à des choses cruciales qui garantiront le succès, mettez-les en pratique quotidiennement et cessez de saboter votre vie avec des pensées et des actions qui n'entraînent que chaos et destruction.

Chaque chapitre de ce livre ouvrira votre cœur à un monde de possibilités et vous donnera une voie à suivre afin que vous puissiez, vous aussi, atteindre le niveau de réussite que vous savez réalisable pour vous.

J'ai le sentiment que Peggy a vraiment appliqué ce qu'elle écrit et que sa vie est devenue une œuvre d'art... «conquise» pièce par pièce. Tel un magnifique casse-tête, *La formule gagnante* vous donne toutes les pièces et instructions quant à la manière de créer votre propre chef d'œuvre.

Je vous recommande fortement de lire ce livre, d'appliquer ce que vous avez appris et de le partager avec ceux et celles que vous aimez.

— John Assaraf

auteur à succès du *New York Times* présenté dans *Le secret,* fondateur de OneCoach

INTRODUCTION

Je suis assise sur le plancher de ma cuisine, adossée contre la machine à laver, fixant le vide tandis que des larmes coulent sur mon visage. Qu'allais-je faire ? Je n'étais qu'une maman célibataire se lançant dans une carrière d'entrepreneur, et ma vie était un véritable chaos : j'avais empiété sur mon budget, je ne recevais plus de rentrées depuis des mois, j'avais peur de ne plus pouvoir payer mes factures, étant donné que je n'avais presque plus d'argent ni d'épargne et je ne savais pas comment j'allais payer mon hypothèque. J'avais l'impression que rien ne pourrait m'arriver de pire. Allais-je même trouver la force de me lever de ce plancher ? J'étais épuisée par le stress et usée par les exigences de ma vie. Si seulement il existait une réponse simple, une clé qui mettrait fin à mes problèmes et me sortirait ce cette prison de malheur et de peur afin de retrouver la joie, la réussite et la prospérité.

J'ai évidemment trouvé la force de me lever et d'aller de l'avant… et c'est pourquoi j'ai écrit ce livre. Ce que j'ai appris tout au long du chemin est quelque chose de si puissant que j'ai senti le besoin de le partager avec les autres. J'ai découvert LA formule — ou comme je

l'appelle, la «formule gagnante» — qui me permettrait d'avoir de la chance et de créer tout ce que je désire.

J'avais pris l'habitude de croire que la vie était semblable au jeu de société avec lequel nous jouions étant enfants, appelé, fort à propos, *Destins - Le Jeu de la Vie*. Nous faisions avancer nos petites voitures en plastique qui servaient de jetons, sur le pourtour du carton, accumulant de l'argent, des points, des enfants (des petits pions roses et bleus que nous entassions dans les voitures). C'était un jeu intelligent qui visait à enseigner une technique pour mener une vie prospère et qui exigeait que nous prenions des décisions tout au long du parcours. Après y avoir joué plusieurs fois, j'imaginais des stratégies gagnantes : le temps que j'atteigne la case finale à la fin de la piste sinueuse, si j'avais été futée et chanceuse, je pouvais compter la pile des biens que j'avais accumulés et ressentir une sorte de triomphe. C'est ce qui m'a déterminée à trouver le secret pour gagner le jeu de la *vie réelle* : la formule gagnante.

Les grandes questions à se poser

À un certain moment de sa vie, chaque être humain se demande *Comment faire pour vivre heureux ? Comment pourrais-je mettre fin à mon mal-être et à mes souffrances ?* Se poser ces questions est le premier pas sur le chemin spirituel de la découverte de soi, au cours duquel nous acquérons des connaissances sur nous-mêmes et sur tous ceux et celles qui suivent leur propre voie. Plus nous nous interrogeons, plus nous commençons à réaliser que la vie ne consiste pas à essayer d'éviter la souffrance, mais à savoir ce que nous voulons pour nous-mêmes, puis à tout faire pour que cela arrive.

Si nous étions des chimpanzés, des poissons rouges, des épagneuls ou des cacatoès, nous ne nous poserions pas les grandes questions sur le bonheur, le but et le sens de la vie ; nous ne nous créerions pas non plus de souffrances émotionnelles ou ne nous demanderions pas comment améliorer notre vie. Nous nous contenterions de passer nos jours à manger et à dormir, sans avoir la moindre notion que notre vie pourrait servir un but plus vaste. La vie consisterait à suivre notre propre programmation — exactement comme les autres animaux qui nous entourent — sans aucun but personnel de bonheur et de réussite.

Toutefois, notre particularité d'êtres humains nous pousse à essayer de nous libérer des épreuves et à rechercher des réponses pour nous sentir plus joyeux, satisfaits et sereins dans notre vie telle qu'elle se présente. Nous voulons être aussi exaltés qu'un chien qui joue à la balle. Contrairement aux animaux, nous nous languissons de ce que nous avons perdu et souffrons de ce que nous n'avons pas, parce que nous pensons au passé et au futur beaucoup plus qu'ils ne le font. Notre esprit crée des images liées à nos expériences, qui à leur tour, génèrent de fortes émotions qui renforcent nos croyances.

Il est évidemment douloureux de perdre quelque chose ou quelqu'un qui nous est cher. Cependant, si nous nous enlisons dans la pensée que nous ne pourrons jamais retrouver ce que nous avions et que nous nous concentrons sur l'horrible impression de manque, nous ne faisons que créer davantage de souffrance. Nous nous focalisons sur ce qui devrait être ou ce qui aurait dû être et nous éloignons du moment présent. Contrairement à ce chien qui joue en se concentrant totalement sur ce qu'il fait, notre esprit erre dans toutes les directions, créant des pensées qui génèrent des sentiments douloureux.

Même quand nous ne ressentons pas de sentiment de douleur, de perte ou de manque, notre esprit reste occupé à développer des pensées agitées. Nous n'aimons pas passer nos journées à faire la même chose. Nous sommes programmés pour être curieux, toujours à la recherche de l'accomplissement. Nous voulons sentir que nous avons de l'importance, que le monde serait différent si nous n'y étions pas. Nous voulons y contribuer d'une manière durable, que ce soit en créant quelque chose qui persistera après notre mort, ou en aimant des personnes avec une telle intensité qu'elles se rappelleront de nous avec un grand sourire quand nous aurons disparu.

La tête pleine d'interrogations et en quête de notre but, nous recherchons des réponses à l'intérieur et à l'extérieur de nous. Nous apprenons des autres, de nos expériences, des livres, des ateliers, des enseignants, de nos mentors, ainsi que de nos erreurs douloureuses. Nous recevons de nombreux messages — dont certains très mitigés — à propos de ce que nous sommes censés faire de notre vie et ce qui nous donnera l'impression d'être sur la bonne voie du bonheur, de la réussite et d'une raison d'être.

En cette ère de l'information, nous sommes continuellement bombardés d'idées et de choix. Tous ces conseils, recommandations, opportunités et possibilités peuvent finir par nous submerger. Une multitude d'alternatives est à notre disposition. Le simple fait de décider quelles céréales acheter au supermarché peut devenir un casse-tête. En scrutant les étagères, nous nous retrouvons face à une muraille virtuelle de différentes marques, formes et quantités : comment diable serions-nous capables de comprendre quoi faire de notre vie alors que nous ne pouvons même pas nous décider sur quelque chose d'aussi insignifiant que cela ? Beaucoup d'entre nous aspirent à simplifier les choses et à trouver « LA formule » qui atténuera notre mal-être, créera un sentiment de félicité et de clarté, et nous donnera l'impression que notre vie a un sens et que nous vivons de manière authentique, en accord avec nos valeurs les plus élevées.

Ma quête de la formule gagnante

Jeune femme, j'aspirais à trouver le chemin de la réussite personnelle, de la formule gagnante : cette clé secrète qui me délivrerait de la prison de mes souffrances émotionnelles et m'orienterait vers une vie meilleure et plus satisfaisante. Je me suis alors lancée dans un voyage de découverte et d'introspection qui a duré trois décennies et qui m'a poussée à suivre des séminaires les week-ends et à entreprendre des retraites d'une semaine. Je me suis mise à dévorer des livres sur la croissance personnelle, à écouter des enregistrements audio inspirants, à écrire et réciter des affirmations, à formuler ma mission, et j'ai pris l'engagement de m'améliorer chaque jour et de faire de mon mieux pour que tout fonctionne dans ma vie.

J'étais persuadée que ma détermination à ne pas dévier de la voie du développement personnel me placerait dans la file rapide menant au succès. J'étais malgré tout talonnée par l'impatience de progresser plus vite, de laisser mes problèmes loin derrière et de les regarder rétrécir dans mon rétroviseur au fur et à mesure que je prenais de la vitesse. J'ai pensé que mon véhicule, mon *moi*, était la seule chose qui me tirait en arrière. J'avais besoin de le requinquer ! Si je pouvais me transformer en Lamborghini de réussite, je dévalerais l'autoroute vers la perfection.

Ce qui me manquait, du moins me semblait-il, était LA formule qui me changerait radicalement et, en conséquence, transformerait ma vie. J'étais certaine que cette clé existait et que si je consacrais assez de temps à la chercher, je la trouverais. Découvrir cette simple réponse me permettrait de dire définitivement adieu à une vie d'incertitude, de confusion, de mécontentement et de manque de confiance en soi, et de ne plus me laisser accabler sous le poids des difficultés. Avec une impeccabilité aérodynamique, je descendrais comme une flèche cette autoroute pour atteindre en un rien de temps mon lieu de repos, mon paradis personnel. Ma destination était un point dans ma vie, quelque part loin d'ici, où je pourrais être en permanence heureuse, contente, libre de tout conflit et de toute tristesse.

Ce livre est l'histoire de ma quête. Je partage dans ces pages la sagesse que j'ai puisée chez un grand nombre

de conférenciers et d'enseignants. J'explique ce que je sais sur certaines cures miracles accrocheuses menant au désastre et à l'échec personnel, et comment chacune de ces potions magiques avait quelque chose à proposer, mais ne s'est pas révélée être LA formule qui m'a menée là où je voulais aller.

Au bout d'une très longue recherche, j'ai finalement trouvé LA formule… et je vous dirai ce que c'est. Mais tout d'abord, pour vraiment l'apprécier et connaître son mode d'emploi, vous devez entreprendre un voyage. Je n'exigerai pas de vous que vous vous engagiez pendant 30 ans dans des week-ends de thérapie, ou que vous dépensiez des milliers de dollars, comme j'ai pu le faire. Je vous demanderai simplement de suivre l'histoire de ma propre expérience, de découvrir les leçons que j'ai apprises et de commencer à penser à la façon de les appliquer dans votre propre vie. Je sais qu'en cheminant avec moi le long de mon parcours pendant un bref moment, vous comprendrez mieux ce que j'appelle la «formule gagnante» lorsqu'elle vous sera révélée.

Aussi, je vous recommande de vous munir de votre curiosité et de votre détermination à procéder à des changements dans votre vie et de m'accompagner. J'espère être une compagne de voyage agréable et vous divertir avec mes histoires, et je vous promets qu'à la fin, vous comprendrez pourquoi je vous ai fait prendre des petites routes transversales et faire plusieurs détours sur la voie de votre destination : la formule gagnante.

Première partie

DE LA «FORMULE UNIQUE»
À LA «FORMULE GAGNANTE»

Chapitre 1

SAUVEZ-MOI !

« Personne ne va venir et vous sauver. »

— Extrait du livre de Richard Nelson Bolles :
De quelle couleur est votre parachute ?

J'ai souvent espéré, comme beaucoup d'entre nous, voir surgir quelqu'un brusquement qui réglerait tous mes problèmes à ma place. J'étais jeune et c'était l'époque des années 1970, au moment où le mouvement féministe commençait à se faire entendre et à introduire dans les esprits l'idée que les femmes n'avaient pas nécessairement besoin d'un homme pour être heureuses. Personnellement, je n'étais pas d'accord avec le T-shirt populaire sur lequel était écrit : Une femme sans un homme, c'est comme un poisson sans une bicyclette. Après tout, quand j'étais amoureuse de mon premier petit ami au lycée, je ressentais un état de pur bonheur. Ma vie semblait complète... jusqu'au jour où il a mis fin à notre relation et que je suis tombée au fin fond du désespoir. N'étant qu'une adolescente, j'ai eu l'impression que c'était la fin du monde. Je considérais ainsi l'événement : il m'avait aimée, ce qui voulait dire que j'étais digne d'amour ; puis il m'avait quittée, ce qui devait signifier que, d'une manière ou d'une autre, je n'étais plus digne d'amour.

Bien sûr, en grandissant, j'ai réalisé qu'il y aurait d'autres amoureux. Mes relations suivantes m'ont enseigné qu'une fois que la sensation enivrante de l'engouement s'est dissipée, chaque partenaire se révèle avec son propre bagage de défis. J'ai découvert que j'étais encore capable d'aimer et d'être aimée, mais qu'en fin de compte, un partenaire amoureux n'était pas la réponse à tous mes problèmes.

Pendant un certain temps, j'ai pensé que ma carrière était la réponse : si je gagnais beaucoup d'argent et réussissais, je pourrais certainement me sortir de mes malheurs. Dès l'adolescence, j'ai travaillé dur dans divers métiers en qualité de secrétaire, démonstratrice d'ordinateurs et représentante de commerce. J'avais mon propre appartement et une belle voiture et je m'en sortais vraiment bien, particulièrement si l'on tient compte que je n'avais pas commencé riche, ne portais pas un nom connu et n'avais pas de diplôme impressionnant (en fait, je n'ai même pas fréquenté l'université). J'estimais que j'avais rassemblé toutes les pièces d'une vie satisfaisante et merveilleuse… alors pourquoi me sentais-je si désorientée ? Ce désir pour quelqu'un, ou quelque chose, qui pourrait me libérer de toute cette souffrance émotionnelle ne s'apaisait pas.

À cette époque, je me sentais fragile dans mes relations. Je gagnais assez d'argent, mais j'étais souvent insatisfaite dans les emplois que j'occupais. Je ne cessais de penser : *Quand ma vie va-t-elle s'organiser comme je le voudrais?* Je croyais vraiment que, là-bas, quelque part, se cachait LA formule qui mettrait fin à ma souffrance et m'aiderait à maîtriser le jeu de la vie. J'avais besoin de connaître la stratégie secrète pour une réussite personnelle.

Que ce soit un partenaire amoureux, une carrière réussie ou un billet de loterie gagnant, l'antidote ultime à l'insatisfaction est celle que recherche la majorité des gens. Particulièrement quand nous sommes en crise, l'idée d'une solution miracle ou d'une recette qui procurerait un soulagement instantané peut être très attirante. Souvent, quand nous souffrons d'une mauvaise grippe, nous sommes tentés d'attraper immédiatement le flacon sur l'étagère de la pharmacie pour soulager les symptômes éventuels, y compris ceux qui ne se sont pas manifestés! Tout ce que nous voulons, c'est de sortir de cet inconfort et état misérable.

La peine et la souffrance peuvent être de grandes motivations qui nous poussent à rechercher le soulagement — rien d'étonnant à ce que nous considérions l'amour, la carrière ou l'argent comme des toniques parfaits. Nous sommes simplement à la recherche de LA formule qui guérira notre solitude, notre insécurité, notre mécontentement, notre peur et notre incertitude.

Le prince charmant à la rescousse

Les êtres humains étant des créatures sociales, ils cherchent à se relier les uns aux autres et à approfondir leurs relations quand ils se sentent seuls. Cependant, cette *sensation* de solitude peut se faire sentir même quand nous sommes en compagnie d'autres personnes. Cette émotion surgit en nous en réaction à des schémas de pensée qui sont malsains et déformés. Quand nous ne nous sentons pas en confiance, que nous pensons que nous ne valons rien, voire que nous sommes indignes d'être aimés, quelqu'un aura beau nous dire : «Tu es extraordinaire et magnifique», vous penserez : *Comment peut-il être aussi aveugle ? Ce n'est certainement pas vrai !* Aucun compliment ne pourra nous préserver de la dévalorisation tant que nous n'aurons pas décidé de changer notre état d'esprit et nos émotions. Notre propre capacité à nous rabaisser et à nous maintenir dans la négativité n'est pas une petite affaire. Il existe même des mannequins qui font la une des couvertures de magazines et qui *continuent* de penser qu'elles ne sont pas belles !

Le désir ardent d'échapper à la souffrance nous pousse vers des relations, des partenaires ou des mariages qui ne nous conviennent pas. L'alliance à notre doigt peut nous rassurer et nous prouver que nous sommes dignes d'être aimés, mais ce sentiment ne dure pas longtemps. Ce que nous ne comprenons pas, c'est que rien d'extérieur à nous ne pourra jamais nous aider à nous sentir bien… C'est quelque chose que nous devons créer par nous-mêmes.

Naturellement, si vous avez beaucoup d'amis, de bonnes relations avec vos proches, des voisins formidables dans votre entourage, et une ou un partenaire aimant et bienveillant, il est bien plus facile de se sentir aimé et soutenu que si vous vous n'êtes pas entouré dans la vie. Cependant, si malgré tout l'amour et l'attention

que vous expriment ces gens qui vous sont proches et qui prennent soin de vous, vous continuez à cultiver un sentiment de dévalorisation, c'est qu'il est temps pour vous de cesser de rechercher LA personne qui vous transportera d'un coup au paradis. Vous devez commencer à créer des pensées plus saines et des émotions plus positives.

Lorsque j'étais dans la vingtaine, je n'avais pas de relations durables. Je m'accrochais encore à l'idée qu'il existait un homme parfait qui pourrait être mon chevalier en armure étincelante. Même si je n'en étais pas consciente à l'époque, ma jalousie et ma suspicion m'empêchaient d'avancer. Quand je m'apercevais que ma méfiance et ma réserve émotionnelle affectaient mon partenaire au point de menacer notre relation, je mettais fin à la liaison. Après avoir été larguée une fois, je n'allais certainement pas revivre la même histoire ! Je pensais que ma souffrance serait moins amère si c'était moi qui rompais, mais cette stratégie n'a jamais vraiment fonctionné. Par la suite, je me sentais triste et vide, mais je retrouvais aussitôt mon entrain dès que je rencontrais un autre présumé « homme idéal ». Je devenais son amoureuse, puis je commençais à me fermer émotionnellement, je devenais jalouse... et le schéma habituel se répétait.

Je n'avais pas pris conscience que j'avais en moi le pouvoir d'identifier les problèmes sous-jacents me poussant perpétuellement à l'affût d'un homme qui me permettrait de me sentir valorisée. J'étais trop occupée à me concentrer sur mes imperfections et à espérer qu'on me vienne en aide.

Le parfait parachute

Dans les années 1980, les femmes, qui n'avaient pas encore envahi le monde professionnel, ont commencé à rêver d'une carrière. Non seulement nous voulions avoir un travail, mais nous voulions qu'il nous comble et nous donne un sentiment d'indépendance et de compétence. Nous étions très impatientes de nous lancer et de prouver que nous étions capables d'accomplir tout ce qu'un homme pouvait faire. Nous pensions que nous pouvions, nous aussi, trouver la formule gagnante de la vie, et atteindre une position élevée dans une bonne entreprise semblait un bon début. Comme beaucoup d'autres, je dévorais des livres du genre *De quelle couleur est votre parachute?* et je cherchais des moyens de concevoir la profession parfaite qui pourrait me libérer de mes sentiments d'impuissance et d'insatisfaction.

Nous, les femmes, aurions probablement dû nous arrêter et écouter les hommes qui nous avertissaient que toutes les opportunités de travail ne conduisaient pas obligatoirement à une grande carrière, qu'il fallait travailler dur et persévérer afin de monter les échelons, et que même si nous y arrivions, nous constaterions rapidement que la profession la plus gratifiante avait aussi ses imperfections. Comme beaucoup de femmes à cette époque, j'idéalisais le travail. Je me réjouissais d'avoir mon argent personnel et possédais une forte éthique de travail. La réussite m'a aidée à mieux me sentir face à moi-même et, étant donné qu'un bon emploi conduit facilement à un autre, j'avais mis de grands espoirs dans ma carrière. Cependant, j'ai vite appris par la suite qu'aucun travail ne pourrait me libérer de mes sentiments de dévalorisation et de manque.

Trop de gens, stimulés par leur besoin de prouver qu'ils sont dignes d'intérêt, deviennent des bourreaux de travail, sacrifiant tous leurs objectifs personnels — que ce soit préserver l'unité dans la famille ou prendre un peu de temps pour servir la communauté. La croyance «Je ne suis pas assez bien» les pousse aller de l'avant; pourtant, quelle que soit la quantité d'argent qu'ils gagnent, le prestige de leur titre ou le nombre d'accolades qu'ils reçoivent, ils continuent à se sentir tristes et impuissants.

Il y a également des gens qui pensent que leur manque d'assurance les empêche de s'épanouir dans leur carrière. Ils n'obtiennent pas la promotion qu'ils espéraient et, au lieu de se regarder honnêtement pour essayer de déterminer ce qu'ils pourraient faire pour changer, ils s'enfoncent dans leur sentiment de dévalorisation. Eux aussi aspirent à LA réponse parfaite et s'imaginent que, si seulement ils pouvaient avancer dans leur carrière, ils cesseraient de se sentir tristes, jaloux et frustrés et commenceraient à se considérer comme des gagnants.

Actuellement, je suis entrepreneure et j'aide les écrivains et les experts à atteindre leurs buts au moyen de techniques de marketing par Internet. J'ai remarqué que certains des clients qui suivent mes cours ont des espoirs de réussite totalement utopiques. Ils espèrent que le fait de devenir un auteur à succès atténuera leurs sentiments douloureux de médiocrité, mais ne veulent pas faire le travail nécessaire. Bien des aspirants auteurs souhaitent diffuser le message de leur livre, mais plus que tout, ils cherchent à être sauvés et espèrent qu'un titre à succès les libèrera de leur sentiment d'échec. Ils ne réalisent pas que la seule façon de se débarrasser de cette sensation est de commencer à *vivre* le succès, indépendamment de ce qui peut leur arriver. Pour devenir un gagnant, il faut commencer par se *sentir* gagnant.

Nous avons tous le pouvoir de changer nos émotions et de créer les sentiments qui alimenteront nos rêves. Si nous nous considérons comme un gagnant, nous pouvons créer la réussite; sinon, nous serons incapables de mener à bien notre rêve ou notre carrière.

Trop souvent nous comptons sur notre profession pour nous sauver parce que nous nous imaginons que la réussite amène l'argent, et qu'avec assez d'argent, nos problèmes disparaîtront.

Le billet vert à la rescousse

J'ai été riche et pauvre, et je ne vais pas mentir et dire que j'aimerais redevenir pauvre! L'argent est une énergie et si on l'utilise avec sagesse, il peut rendre la vie meilleure dans de nombreux domaines. Par exemple, quand ma mère malade était en phase terminale, le chagrin que j'ai ressenti à la pensée de la perdre était intense. Cependant, comme j'avais des revenus financiers qui me permettaient de lui consacrer plusieurs heures, la situation était plus supportable. J'étais très reconnaissante des ressources que j'avais. Toutefois, comme beaucoup d'autres, je m'étais imaginé, à un moment de ma vie, que l'argent était la réponse à tous les problèmes, qu'il ferait disparaître magiquement toutes mes souffrances.

Mon amie Anick aime dire : « Si chacun accrochait ses problèmes à une corde à linge, comme il le fait avec ses vêtements, on se précipiterait tous dans notre cour arrière. » Quand je travaillais en qualité de coach personnel, j'avais parfois des clients qui se débattaient dans les circonstances les plus difficiles qui soient, comme la trahison d'une épouse ou d'un époux, la maladie de leurs enfants ou une situation financière catastrophique. Pourtant, beaucoup d'entre eux vivaient dans de superbes maisons dans un environnement magnifique.

La réussite peut aussi s'accompagner de nouvelles responsabilités et de stress que certains ne sont pas prêts à gérer. Ils peuvent par exemple découvrir que certains de leurs amis et connaissances les plus proches se montrent très envieux ou se sentent en droit de profiter de leur nouvelle prospérité. Ou, malgré leur épuisement et leur grand désir de changement, ils ressentent une pression les obligeant à maintenir la bonne marche de leur entreprise, sachant que les employés comptent sur eux. Parallèlement, leurs problèmes ne pourront nécessairement se régler par un afflux d'argent – et peuvent même devenir encore plus compliqués.

Bien évidemment, avoir peu de ressources, voire aucune, est également extrêmement stressant. Une grosse somme d'argent ou un portefeuille bien rempli peut sembler le parfait libérateur. Un grand nombre de personnes sont obsédées par ce qu'elles pourraient réaliser si seulement elles en avaient les moyens, mais ne pensent pas à ce qu'elles pourraient faire *maintenant* pour améliorer leur situation.

Quand vous vous concentrez sur ce qui vous manque et ne maintenez pas une mentalité tournée vers l'abondance, généralement l'argent ne rentre pas ou, s'il se présente, il transporte avec lui d'autres problèmes. Là encore, pour résoudre les difficultés financières, vous devez d'abord créer des croyances positives au fond de vous, quelles que soient les circonstances. Vous devez vous *sentir* riche pour *devenir* riche.

Je pense que ce que veulent la plupart des hommes et des femmes, sans même en avoir conscience, n'est pas d'être riches, mais d'avoir assez d'argent pour atteindre leurs buts et se sentir satisfaits plutôt que stressés et inquiets. Toutefois, chacun peut vivre l'expérience d'émotions positives, quel que soit le montant d'argent qu'il possède ! L'argent semble être une prodigieuse solution miracle, mais plus les gens comprendront ce qu'est la véritable abondance et qu'ils épouseront les valeurs les plus précieuses de leur cœur, moins ils s'en inquiéteront... et moins ils croiront que l'argent a le pouvoir de les sauver.

De la passivité à l'action

Si les choses sur lesquelles vous comptiez — les gens, la réussite ou l'argent — ne se matérialisent pas, vous allez probablement être déçu et tomber dans le pessimisme. Même si elles se présentent dans votre vie, et que vous pensez, *Super ! Me voilà sauvé !* vous édifiez votre bonheur sur des fondations erronées qui peuvent s'écrouler à tout moment, étant donné que le vrai bonheur est quelque chose que vous devez créer, quelles que soient les

circonstances. Vous libérer de votre souffrance n'est pas la panacée de ce que vous recherchez. Il s'avère que vous, et vous seul, pouvez changer votre état émotionnel afin de commencer à attirer et à manifester les circonstances qui reflèteront vos nouveaux sentiments plus positifs. En travaillant avec l'Univers, vous devenez votre propre sauveur.

Dans les années 1980, j'ai entendu parler de l'auteure Louise Hay qui s'était guérie d'un cancer par elle-même. Elle avait réalisé que les médecins n'allaient pas la sauver et s'était efforcée de modifier ses schémas de pensée, qu'elle considérait comme la cause de sa maladie. En guérissant ses émotions, elle a guéri son corps. Son histoire m'a interpellée et j'ai réalisé pour la première fois que je pouvais peut-être, moi aussi, envisager de me guérir et de mettre un terme à ma propre souffrance.

Moi à la rescousse!

Pour devenir votre propre libérateur, vous devez considérer votre rôle dans la création des circonstances qui vous empêchent d'être heureux. Sans vous juger trop durement, ni trouver des justifications à vos sentiments, contentez-vous d'identifier ce qui peut être changé dans votre monde. Par exemple, vous pouvez modifier vos émotions, vos pensées, vos attitudes et vos comportements. Ce faisant, les gens qui vous entourent changeront à leur tour. Si vous êtes malade et cessez de compter sur votre médecin pour vous en sortir, vous pouvez commencer à vous prendre en main, à vous renseigner sur votre maladie et à identifier les schémas émotionnels sous-jacents qui ont pu créer ou aggraver votre condition; votre médecin sera ainsi plus apte à vous aider.

Ne comptez pas uniquement sur votre partenaire pour vous rendre heureux. Créez vous-même la joie qui ajustera la dynamique entre vous deux et diminuera votre tendance à lui faire porter la responsabilité de vos problèmes. Votre partenaire trouvera alors plus facile de se détendre et de créer des sentiments de bonheur plutôt que d'incapacité, et vous remarquerez qu'il ou elle aura davantage à vous offrir au niveau émotionnel.

Nous avons la capacité de créer les circonstances de notre vie. Nous n'avons pas un contrôle total sur *tout*, mais nous ne sommes toutefois pas aussi impuissants que nous le pensons. Si nous comptons sur quelqu'un d'autre pour faire le travail à notre place et changer notre vie, croyez-moi, ça n'arrivera pas. Nous devons nous sauver nous-mêmes.

Si vous n'obtenez pas les résultats escomptés et avez cessé de rechercher des réponses, si vous avez trouvé des faux-fuyants dans la vie et vous sentez impatient — pensant que vous avez eu votre part de mauvais coups — vous pourriez alors souscrire à l'idée erronée qu'être sauvé est la réponse. Il n'y a qu'un pas entre avoir *la foi* que quelqu'un ou quelque chose se manifestera dans votre vie pour vous aider et *espérer* que cela arrive.

Nous tombons parfois dans le piège d'attendre d'être sauvés parce que nous sommes fatigués, nous avons peur de ne pas savoir résoudre nos propres problèmes... mais nous ne devrions pas. Il n'est pas nécessaire de savoir comment nous allons atteindre ce que nous voulons. La seule chose à prendre en compte est de savoir exactement ce que nous désirons, puis de créer les sentiments que nous ressentirions si nous l'avions déjà, en nous visualisant dans la situation idéale et en savourant chaque moment qui se déroule dans notre imagination. En générant la confiance, la joie, la tranquillité et la reconnaissance, nous changeons notre énergie, et les forces enfouies dans les recoins de notre réalité commencent à se manifester et à attirer les circonstances qui coïncident avec notre nouvel état positif.

Malheureusement, le rêve d'être sauvé par quelqu'un ou quelque chose nous éloignera souvent de notre engagement à nous aider nous-mêmes. Sans doute croyons-nous, au tréfonds de nous-mêmes, que si quelqu'un se présentait et nous donnait les réponses dont nous avons besoin, ce serait la preuve que nous sommes dignes d'être aimés et d'être sauvés... c'est certainement ce que je croyais quand j'étais plus jeune. Mais ce rêve de Cendrillon, celui d'être enlevée par un prince charmant et d'être soudainement reconnue comme une personne digne et importante, nous empêche de découvrir notre sens personnel de dignité et de trouver des moyens de résoudre les problèmes et de concevoir une vie heureuse et satisfaisante.

Frustrés de ne pas avoir été sauvés, nous pouvons devenir si désespérément prêts à tout pour acquérir cette solution magique, que nous sommes capables de nous lancer dans un emploi ou dans une relation, ou de déménager subitement dans l'espoir que ce sera LA formule qui résoudra tout et fera enfin de nous des gagnants. Inévitablement, à la fin, nous nous retrouvons avec autant de problèmes qu'auparavant et bien souvent les mêmes.

La nouvelle situation ressemble à l'ancienne parce que *nous* n'avons pas changé. Comme le dit l'adage : «Là où vous allez, là vous êtes.» Nos circonstances reflèteront toujours ce qui se passe à l'intérieur de nous.

Ainsi, si rechercher un sauveur n'est pas la bonne solution, alors quelle est-elle ? Pendant plusieurs années, j'ai assisté à des conférences, lu des livres et suivi des ateliers pour trouver la réponse. Je suis parvenue à la conclusion que LA formule qui allait changer ma vie pour toujours dirigeait mes pensées...

VOUS ÊTES CE QUE VOUS PENSEZ

« Si votre esprit pense correctement, si vous comprenez la vérité, si les pensées de votre subconscient sont constructives, harmonieuses et paisibles, alors la puissance magique de votre subconscient réagira et attirera des conditions harmonieuses, un environnement favorable et le meilleur en toute chose. »

—Tiré du livre de Joseph Murphy :
La puissance de votre subconscient

Après avoir réalisé que j'étais la seule qui pouvais me libérer de ma prison de malheur —et qu'en fait, j'étais seule responsable de m'être enfermée dans une cellule — j'ai eu une révélation. Ce jour-là, dans les années 1980, j'écoutais mon mentor, Bob Proctor, parler du pouvoir de l'esprit. En bref, il disait que si vous modifiez vos pensées, vous pouvez changer votre vie. *Ce doit être ça!*, ai-je pensé.

Le pouvoir de gérer vos pensées

Ce que disait Bob était tout à fait nouveau pour moi. On ne m'avait jamais appris à être introspective et je n'avais donc jamais prêté beaucoup d'attention aux

idées qui me trottaient dans la tête, ni ne m'étais arrêtée pour me demander si elles me servaient ou si elles me nuisaient.

D'innombrables choses me passaient par la tête ; je me suis mise à faire de longues promenades afin de les explorer et j'ai commencé à les inscrire dans un journal. J'ai lu également plusieurs livres traitant de l'importance de se concentrer sur les pensées, tels que *L'homme est le reflet de ses pensées* de James Allen et *La puissance de votre subconscient* de Joseph Murphy. J'ai fini par comprendre combien il était important d'observer ses habitudes de pensée et d'examiner si elles étaient positives et productives ou négatives et destructrices. Étaient-elles les semences qui m'aideraient à atteindre la vie que je désirais, ou étaient-elles la source de sentiments amers, pleins de ressentiment ou de colère ?

J'ai remarqué une chose en particulier : chaque fois que je découvrais une pensée négative (et j'en avais beaucoup !), je ressentais immédiatement un sentiment de culpabilité et de tristesse. Il m'a fallu un certain temps pour réaliser que si j'allais me sentir coupable au cours de ce processus d'autoanalyse, il serait très difficile de maintenir mon engagement dans l'introspection. J'ai alors décidé qu'au lieu de juger mes pensées, j'allais simplement les observer sans aucune émotion, à la manière du sergent Joe Friday dans l'ancienne émission télévisée *Dragnet* : en costume cravate, son carnet de notes à la main et le visage dénué de toute expression sous son chapeau mou, il disait : « Les faits, madame, juste les faits ». Je me suis donc obligée à ne prêter attention qu'aux « faits » et j'ai cessé de générer des idées qui

pouvaient me conduire à des émotions qui ne feraient que me rendre encore plus impuissante.

Après avoir consacré du temps à explorer mon activité mentale, je suis devenue plus consciente de son jeu dans les situations quotidiennes. Quand je conduisais ou lisais mes courriels, je remarquais des choses qui surgissaient dans mon esprit et je m'arrêtais pour me demander : « Vont-elles me rapprocher de mes objectifs ? » Auparavant, des pensées comme *Oh, je vais être en retard, je suis stupide, j'aurais dû partir plus tôt,* me venaient à l'esprit et me donnaient un sentiment de honte, faisant surgir cette impression d'être idiote et incompétente. À présent que je devenais de plus en plus vigilante, je cessais de me focaliser sur la série de pensées coïncidant avec mes sensations de panique à l'idée d'arriver en retard au travail et avec mon sentiment général d'indignité. Je me raisonnais par ces mots : *Bon, sans doute suis-je un peu en retard, mais je ne peux rien y changer pour l'instant, je vais simplement faire de mon mieux avec le temps qu'il me reste. La leçon à en tirer est de commencer à me préparer plus tôt ou d'ignorer le téléphone s'il sonne au moment où je me dirige vers la porte.* Je pouvais maintenant considérer la situation comme une leçon parce que je ne me laissais plus piéger par le scénario d'un monologue intérieur m'incitant à chercher pourquoi je devrais me sentir horrible.

L'autre chose que j'ai apprise en examinant ce qui me passait par la tête était qu'il y avait de solides raisons pour lesquelles je n'accédais pas aux résultats que j'escomptais : en fait, une grande partie de mes idées étaient franchement toxiques ! C'est incroyable de voir combien de pensées destructrices une personne peut générer en un court moment ! J'ai examiné mes relations insatisfaisantes (qui n'aboutissaient jamais à rien), mes problèmes au travail, mes difficultés financières et j'ai commencé à réfléchir : *Quelles sortes de croyances sur les hommes, le travail et l'argent me conduisent à ces résultats qui ne sont pas ceux que je souhaite ?* Inutile de dire que ce que je m'étais raconté n'était pas particulièrement positif ni enrichissant ! Quelle révélation !

Découvrir la nature de vos pensées est très important, parce qu'après avoir joué le rôle d'observateur tranquille, vous pouvez adopter celui de juge impartial et vous poser cette simple question : *Est-ce une pensée qui me conduira vers le bonheur et le succès ou qui m'en éloignera ?* Si elle ne fonctionne pas pour vous, choisissez de la bannir de votre esprit. Elle pourra ressurgir, mais en vous rappelant la décision que vous avez prise, vous pouvez la contrecarrer en disant : *Je n'y crois plus.* Plus vous rejetterez ces sentiments négatifs et improductifs, moins ils surgiront.

Comment les pensées et les émotions s'imbriquent les unes dans les autres

Pourquoi les pensées négatives sont-elles aussi destructrices ? Parce que leur pouvoir réside dans l'émotion qu'elles génèrent et à laquelle nous nous cramponnons si étroitement. On pourrait croire que certaines pensées insignifiantes, telles que *je vais être en retard* ou *mon ami ne m'a pas appelé comme il l'avait promis*, sont neutres. Cependant, si nous commençons à broder dessus, nous créons souvent des perceptions négatives qui viennent s'imbriquer autour d'elles et nous font souffrir. Par exemple :

Pensées neutres	Pensées négatives amplifiées	Émotions négatives
«Je suis en retard.»	«Je suis toujours en retard. Qu'est-ce qui ne va pas chez moi?»	Honte, embarras
«Mon ami ne m'a pas appelée comme il l'avait promis.»	«Il ne doit pas m'aimer beaucoup.» ou «C'est un égoïste et un mal élevé. Il ne tient aucunement compte de mes sentiments!»	Dévalorisation, embarras, humiliation ou Colère, ressentiment

Si vous analysez vos pensées négatives, non seulement vous prendrez conscience du sentiment de dévalorisation qu'elles engendrent, mais vous vous apercevrez aussi combien elles sont déformées. Vous avez peut-être l'impression d'être *toujours* en retard, mais ce n'est pas obligatoirement vrai (et si ça l'est, vous devez réfléchir aux raisons pour lesquelles vous ne vous donnez pas assez de temps pour accomplir vos tâches). Le fait de penser : *de toute façon, je gâche* toujours *tout*, ne fera que nourrir le sentiment d'infériorité que vous ressentez. Si un ami ne vous appelle pas comme promis, il peut y avoir des tas de raisons à cela; c'est donc une déformation de croire que ce ne peut être que parce qu'il ne vous aime pas ou n'a aucun égard pour ce que vous ressentez. Il vous est impossible de savoir si une chose est absolument vraie ou non si vous ne pouvez la concevoir au-delà de votre réalité. Être observateur vous permet de mettre vos émotions temporairement de côté afin d'être objectif sur ce qui se passe vraiment.

Plus vous examinerez vos pensées, plus vous prendrez conscience de l'importance de leur énergie. Notez la qualité et l'intensité des sentiments qui s'imbriquent à celles-ci. Si vous voulez remplacer votre attitude improductive par une autre plus productive, il vous faudra faire attention à l'énergie que vous accordez à cette dernière. Par exemple, si vous répétez l'affirmation : *Je suis heureux de gagner un million de dollars cette année,* ce peut être une excellente déclaration. Cependant, si vous ajoutez à cette affirmation particulière une nouvelle pensée telle que *je n'y crois pas vraiment; ce n'est pas un but réaliste,* vous n'affirmerez pas votre croyance d'être capable d'atteindre ce but. Vous insisterez au contraire sur votre manque et votre insécurité, ce qui entraînera des résultats non désirés. Pour manifester un million de dollars, *vous devez* sentir *que vous avez un million de dollars!* Vous devez éprouver une puissante sensation d'abondance, d'enthousiasme, de mérite et de confiance. Si l'affirmation « Je suis heureux de gagner une énorme quantité d'argent cette année » vous donne un sentiment de passion et de prospérité plus intense, utilisez-la à la place de « Je suis heureux de gagner un million de dollars cette année ».

Nous sommes tous différents. Une affirmation qui déclenchera un sentiment de confiance totale chez un individu pourra par contre vous donner une sensation d'insécurité, et vice-versa. Aussi, choisissez celle qui fonctionne pour vous. Vous découvrirez que si vous

attachez assez d'émotions puissantes et positives à vos affirmations pendant un certain temps, vous y croirez.

Pour alimenter nos croyances, nous devons faire attention au langage que nous employons. Des pensées telles que *Je gagne un million de dollars et mon compte en banque est plein à craquer* ou *Je suis riche au-delà de tout ce que j'ai pu espérer,* peuvent générer en nous des sensations d'enthousiasme, de richesse et d'abondance. Ces mots nous aident à visualiser notre compte en banque débordant d'argent, des liasses de billets dans notre portefeuille, et la rentrée d'innombrables chèques de nos clients. Que rien de cela ne soit réel pour le moment n'a aucune importance tant que les mots, les sensations et les images que nous créons dans notre esprit nous donnent le sentiment d'être riches. Les convictions positives nous propulsent vers nos buts et nous donnent la capacité magnétique d'attirer ce que nous désirons.

Peu de temps après avoir découvert l'importance d'appuyer mes pensées par le pouvoir des émotions positives, j'ai commencé à obtenir de meilleurs résultats. Il me restait toutefois quelque chose à apprendre : certaines pensées restent inconscientes, ce qui signifie qu'elles peuvent être bien plus puissantes que celles qui sont conscientes.

Ces pensées cachées qui nous piègent

Nous avons tous des pensées inconscientes. Elles restent parfois enfouies dans notre esprit parce qu'elles sont si douloureuses que nous ne voulons pas nous y attarder. Elles peuvent être aussi des idées que nous avons créées et acceptées il y a longtemps, mais qui ne nous concernent plus ; et même si elles ne nous servent plus, nous ne réalisons pas qu'elles nous entravent et qu'elles peuvent influencer énormément nos émotions, nos comportements et nos perceptions conscientes. Bien que ces pensées restent en-dehors de notre attention, elles sont semblables à un programme informatique qui fonctionne sans arrêt et interfère avec d'autres. Comme dans le cas d'un virus qui s'introduit dans notre système et sabote notre travail, nous devons identifier ce programme et ne pas chercher à l'ignorer.

Lorsque vous entretenez des idées destructrices inconscientes, vous pouvez sentir qu'il se passe quelque chose. La dernière fois où j'ai eu un virus sur mon ordinateur, le petit sablier sur mon écran n'arrêtait pas de clignoter jusqu'à ce que je me dise : *Oh, ça prend bien trop de temps, ce n'est pas bon signe !* Et bien sûr, le programme s'est éteint. Les pensées inconscientes peuvent vous donner une impression de tiraillement ou un sentiment subtil de mal-être. Si vous trouvez le courage d'admettre que vous vous sentez perturbé et mal à l'aise, vous pouvez découvrir ce que sont ces pensées, les examiner et décider si vous voulez continuer à vous y accrocher.

Quand je me sens mal à l'aise ou légèrement offensée, irritée, frustrée ou triste, je m'arrête et me demande : *Qu'est-ce qui se passe maintenant ?* Si, pour une raison ou pour une autre, je ne saisis pas cette opportunité pour analyser ce que j'ai dans la tête à cet instant, j'y reviens plus tard au moment d'écrire mon journal avant d'aller me coucher et j'explore ce que j'ai esquivé plus tôt. Je n'oublie jamais que, comme tout le monde, il y aura

des moments où je ressentirai le besoin d'analyser mes réflexions conscientes et inconscientes, de noter leur nature et leur intensité et, si elles sont négatives, de décider par quoi j'aimerais les remplacer.

Agir avec exubérance

Comme je l'ai expliqué, les pensées sont puissantes car ce sont elles qui alimentent nos émotions et que ce combustible propulse le véhicule, générant l'action. Si nous sentons sincèrement que nous méritons une âme sœur aimante et engagée, et que nous nous permettons d'expérimenter et de savourer combien il est merveilleux d'être adorés et chéris — nous développerons alors de l'enthousiasme à l'idée de rencontrer de nouveaux partenaires potentiels et nous nous y consacrerons entièrement.

Lorsque des personnes me disent : «J'aimerais trouver quelqu'un, mais je déteste donner rendez-vous», je sais que c'est parce qu'elles se cramponnent à des opinions négatives sur leurs chances d'y arriver, ou sur la façon dont se déroulera la rencontre, à cause du peu d'estime de soi lors d'expériences précédentes. Elles clament qu'elles veulent trouver un partenaire, mais donnent toutes sortes d'excuses pour ne pas sortir avec de nouvelles connaissances. Elles ont peur de ne pas rencontrer cette âme sœur particulière et se sentent alors encore plus mal.

Une fois que vous avez créé une pensée positive, insufflez-y des émotions qui lui correspondent. Visualisez vraiment ce que vous voulez et imaginez cette magnifique sensation d'atteindre votre but. Agissez comme

⌐si vous aviez ce que vous désirez, créez la sensation que vous ressentiriez si vous l'aviez, et pensez : *c'est déjà là !* Croyez en cette pensée positive, sentez cette sensation merveilleuse, et permettez-vous d'émerger de votre tristesse et d'aller de l'avant avec enthousiasme. Vous vous apercevrez que vous serez inspiré à la faire suivre d'une action, même si vous rencontrez des obstacles.

Récemment, un écrivain est venu me consulter. Il se sentait frustré car, après avoir consacré un mois entier à la recherche de commerciaux pour sa campagne de marketing destinée à la vente de son livre, seules quelques personnes avaient accepté de participer à son plan. «Je ne comprends pas pourquoi je n'obtiens pas de résultats» m'a-t-il confié, juste avant de me raconter pourquoi il ne serait pas capable d'atteindre son but et d'avoir énuméré tous les problèmes qu'il avait rencontrés jusqu'à ce jour.

Je n'ai pu m'empêcher de penser à une autre cliente avec laquelle je travaillais, qui avait planifié ce même type de campagne et s'était lancée dans la recherche de partenaires commerciaux à peu près à la même époque… Or, elle avait déjà trouvé dix fois plus de partenaires que l'écrivain. Chaque fois que nous parlions, elle débordait d'enthousiasme sur les gens avec lesquels elle avait déjà signé un contrat et sur ceux qu'elle avait l'intention d'approcher — et pourtant, j'avais l'impression que son livre traitait d'un sujet beaucoup moins intéressant et moins inédit que l'autre. J'étais certaine que le problème ne concernait pas le produit de cet homme, mais plutôt une absence d'énergie émotionnelle qui aurait pu alimenter les actions qu'il devait entreprendre afin de

remplir les autres d'enthousiasme et finalement de les attirer pour l'aider à commercialiser son livre. Je savais qu'il avait besoin de comprendre que de ressentir et de penser de façon optimiste conduit à des actions et dès résultats positifs.

— Je vous jure, m'a assuré mon malheureux client, que je pourrais aller jusqu'à me ruiner si nécessaire pour atteindre mon objectif. C'est si important pour moi !

Je lui ai répondu que je ne pensais pas que ce soit la meilleure attitude à avoir.

— Ce que je vous suggère, lui ai-je dit, c'est de maintenir un moral optimiste et de vous amuser. Après tout, vous débordez d'enthousiaste pour votre livre et le sujet dont il traite, n'est-ce pas ? Sentez cet enthousiasme vous envahir, puis appelez la prochaine personne sur votre liste. Votre joie sera contagieuse et je pense que vous obtiendrez de bien meilleurs résultats.

À cela, il m'a répondu qu'il allait essayer, que peut-être n'avait-il pas fait preuve de suffisamment de confiance et que cela avait dû se sentir dans sa voix lorsqu'il s'était adressé à des partenaires potentiels. Effectivement, une semaine plus tard, il avait quadruplé son nombre.

Les pensées et les sentiments positifs ouvrent les vannes créatrices, conduisant ainsi à des actions innovantes qui captent l'attention des gens. Par exemple, une personne qui m'avait consultée avait fait cuire 1 500 biscuits pour d'éventuels acheteurs, et les avait décorés à la main. Cette initiative représentait l'une des nombreuses étapes qu'elle avait entreprises et qui lui a permis de faire une avance à sept chiffres afin de publier un roman à compte d'auteur, ce qui constituait une très grosse somme d'argent pour un premier livre. Faire des biscuits n'était pas un sacrifice monumental pour elle, mais c'était une idée intelligente inspirée par sa passion pour son livre. Elle a su évaluer les ressources qu'elle possédait — qui incluait un bon four, mais pas un gros compte en banque — et les utiliser à son avantage. Toutes sortes d'options sont à notre disposition quand nous pensons, ressentons et agissons de manière positive !

Il est évident que nous ne pouvons pas *tout* faire du simple fait d'y penser. Aucun de nous ne peut décider de se faire pousser des ailes et de voler, ou d'établir la paix dans le monde tout seul, mais si nous comprenons le lien entre nos pensées inconscientes, nos pensées conscientes, nos émotions et nos actions, nous pouvons *presque* tout accomplir.

Découvrir que vous êtes celui ou celle qui détient la clé pour ouvrir les portes de la prison de votre malheur vous donne les pleins pouvoirs. Cependant, pour vous libérer, vous devez être capable de supporter le malaise découlant de la prise de conscience d'avoir été votre propre geôlier. Il est difficile d'admettre une erreur, mais n'allez surtout pas vous juger pour les pensées et les sentiments improductifs que vous avez évité d'examiner ; c'est dans la nature humaine de vouloir échapper à la souffrance. Cependant, une fois que vous aurez réalisé que la meilleure manière de le faire est d'accepter d'être mal à l'aise pendant la courte période où vous examinez avec attention la nature de vos pensées, actions et sentiments passés, vous vous libérerez des souffrances inutiles. Vous pourrez alors aller de l'avant et créer la vie que vous désirez.

Bannir les égarements de l'esprit

Une fois accomplie la tâche difficile mais indispensable d'avoir découvert vos pensées et sentiments improductifs et destructeurs, vous pouvez les changer en les remplaçant par quelque chose de plus positif.

Cependant, affronter mes croyances profondes, qui me donnaient le sentiment d'être indigne d'être aimée et de réussir, a été pour moi douloureux, mais une fois fait, j'ai réussi à me pardonner de m'être cramponnée à ce genre de jugement toxique qui avait généré tant de souffrances dans ma vie. Je savais que ma tâche consistait à le remplacer par cette simple conviction qui me revalorisait : *Je mérite l'amour et la réussite et j'en suis digne.* Je devais le croire et le ressentir, et me considérer comme une créature de Dieu méritant les plaisirs que le monde avait à m'offrir m'a beaucoup aidée. Je ne mérite pas plus d'amour et de réussite qu'un autre, mais comme chacun, *j'y ai droit.*

Je me répétais cette affirmation chaque jour et la ressentais au plus profond de moi ; de la même façon que je me brossais les dents chaque matin, je m'occupais de mon hygiène *mentale.* Pas un seul jour ne s'est écoulé sans que je passe du temps à affirmer et à croire vraiment : *Je mérite l'amour et la réussite et j'en suis digne.* Chaque fois que le *non, tu n'en es pas digne* surgissait dans ma tête, je le reconnaissais pour ce qu'il était, un simple égarement de l'esprit, une pensée générée au hasard par les connexions de mon cerveau qui se branchaient sur mes anciens schémas de croyance destructeurs. Je refusais de donner à ces égarements de l'esprit plus de temps et d'énergie ; je les voyais juste pour ce qu'elles étaient : des croyances pour lesquelles je ne voulais plus perdre de temps. Je les bannissais en m'exerçant de plus belle à générer l'idée merveilleuse et enrichissante : *Je mérite l'amour et la réussite et j'en suis digne.* (Mon livre *La switch de votre destin* décrit un grand nombre de techniques que j'ai découvertes et qui m'ont aidée à transformer ma négativité en pensées et sentiments positifs).

Faire comme si vous aviez déjà accompli votre but est crucial pour vous aider à atteindre la destination que vous recherchez, mais vous devez également profiter de *toutes* les opportunités qui vous permettront de vous tourner spontanément vers des sentiments positifs et productifs. Jadis, alors que j'étais encore engluée dans la négativité, j'ai vu un homme se diriger vers sa petite amie, la prendre dans ses bras et l'embrasser, et j'ai pensé : *Ce n'est pas à moi que ça arriverait.* Un sentiment de tristesse et de manque a envahi mon esprit et j'ai commencé à broder autour de ma croyance profonde — *je ne mérite pas ça* —un dialogue intérieur qui ne faisait qu'aggraver mon état. Je sais aujourd'hui qu'une meilleure réponse à ce genre de situation — qui faisait toujours ressurgir mes vieilles croyances sur mon incapacité — n'est pas de broder autour de cet égarement de l'esprit quand elle apparaît, mais plutôt d'affirmer : *Comme c'est beau ! Il y a tant d'amour dans ce monde. J'en suis également digne ! Je suis si contente d'avoir de l'amour dans ma vie !* J'ai alors pris conscience que ressentir de la gratitude pour l'amour que me vouaient ma famille et mes amis me donnait du charme et me permettait

d'agir amoureusement... ce qui m'a rendue encore plus attirante aux yeux des hommes !

Vous pouvez appliquer la même technique à tout ce que vous désirez. Pour parvenir à la richesse et à l'abondance, ne vous attardez pas sur des idées de dettes ou de problèmes financiers ; soyez reconnaissant des biens que vous avez. Délectez-vous du sentiment de prospérité que vous expérimentez en regardant les maisons majestueuses du secteur cossu de votre ville. Exprimez votre gratitude pour les réussites que vous avez accomplies et permettez-vous d'être pleinement confiant que vous construirez à partir de ces dernières. Soyez fier des merveilleux talents et dons dont vous avez hérité et que vous pouvez utiliser pour vous aider à créer et à attirer encore davantage. Si vous vous surprenez à envier quelqu'un qui semble avoir plus de biens que vous, ne commencez surtout pas à générer la pensée : *Je ne devrais pas ressentir de la jalousie... c'est horrible !* Contentez-vous simplement de reconnaître l'égarement de l'esprit pour ce qu'il est, bannissez-le et utilisez cette opportunité pour vous demander : *Qu'est-ce qui me fait croire que je ne peux pas avoir la même chose ?* Après tout, la jalousie s'appuie sur la croyance qu'une autre personne possède quelque chose que vous ne pouvez pas avoir.

Examinez ce jugement enfoui en vous-même et remplacez-le par quelque chose de plus optimiste. Puis demandez-vous : *Qu'aimerais-je ressentir à la place de la jalousie ?* Créez cette émotion et un sentiment positif, harmonieux qui vous rapprochera de ce que vous voulez pour vous-même.

Tout cela peut paraître trop facile, mais croyez-moi, je sais combien il peut être difficile de croire que nous avons le pouvoir de gérer nos pensées et nos émotions. Quand j'étais jeune, certains de mes petits amis me disait que j'étais «trop sensible» ou que je «devrais être moins susceptible» (je ne supporte pas très bien les taquineries). Je pensais qu'il existait des individus durs et résilients et d'autres, comme moi, dont les émotions étaient plus intenses et douloureuses... et que les gens comme moi ne pouvaient pas faire grand-chose pour changer leurs ressentis. Je sais maintenant que chacun peut utiliser des techniques spécifiques pour modifier ses pensées et ses émotions, en générer de plus saines et travailler à les renforcer.

Procéder à de tels changements demande du temps et des efforts, et les vieux sentiments peuvent continuer à poindre de temps en temps. Il n'y a pas si longtemps, ma regrettée mère, qui était très affaiblie à cause d'un cancer, était allongée sur un lit d'hôpital. Mon frère et moi essayions de voir comment nous pourrions la faire sortir en cette magnifique journée, afin qu'elle puisse jouir du soleil et être en contact avec la nature. Ma mère a commencé à s'agiter et à dire : «Ne soyez pas stupides, je ne peux pas sortir!» Mon frère a pensé qu'il pourrait pousser son lit à roulettes le long du couloir et le sortir dans le jardin de l'hôpital. Alors que je proposais de transférer ma mère dans un fauteuil roulant, celle-ci a dit avec emphase : «Mais je ne pourrai pas supporter Peggy!»

En un instant, tous mes sentiments d'indignité et d'incapacité ont ressurgi, et mes yeux se sont emplis de larmes. J'ai ressenti toute la souffrance de mon enfance

— chaque fois que j'avais l'impression de ne pas plaire à mes parents — m'assaillir. *Ma mère ne pouvait pas* me *supporter :* quelle pensée douloureuse ! Je me suis détournée afin que ma mère et mon frère ne voient pas l'expression de mon visage ou les larmes qui menaçaient de rouler sur mes joues.

— Oui, Peggy, maman a raison. Elle ne pourra pas le supporter, elle ne peut pas se lever, il faudra donc oublier la chaise roulante et essayer de bouger le lit, a proposé mon frère, sans soupçonner mon chagrin.

— Oui, bougeons le lit, a simplement dit ma mère.

C'est alors que j'ai réalisé ce qui venait de se passer. Mon ancien sentiment de dévalorisation avait déformé ce que j'avais entendu. Ce qu'avait vraiment dit ma mère, si faible et fragile, était : « Je ne pourrai pas supporter, Peggy. » J'avais omis la virgule ! Réalisant mon erreur, j'ai commencé à rire.

— Qu'est-ce qu'il y a de si drôle ? a demandé mon frère.

— Je t'expliquerai plus tard, lui ai-je répondu toute joyeuse.

Ce fut pour moi un rappel important qui montrait combien les vieilles programmations peuvent être puissantes.

En gérant nos pensées et les sentiments dont nous les enveloppons, nous pouvons échapper à la prison de notre propre fabrication. Nous ne sommes pas obligés de ressembler à ce que nous sommes aujourd'hui. Trop souvent, nous nous sentons en sécurité dans la prévisibilité et nous nous convainquons que, étant donné que nous avons toujours été anxieux ou malheureux, que nous avons toujours eu à lutter financièrement, que nous n'avons jamais rencontré de partenaire amoureux, notre vie sera toujours ainsi. Nous vivons dans une ville appelée Misère en pensant que c'est une ville appelée Honnêteté. Nous créons notre réalité. Si nous voulons croire que notre existence peut être profondément satisfaisante et joyeuse, nous avons la capacité de le manifester — en commençant aujourd'hui même.

Le jour où vous modifierez votre point de vue et reconnaîtrez le pouvoir que vous avez de changer votre vie, vous serez étonné en constatant combien votre confiance s'accroît. La conscience est semblable à un escalier : chaque marche vous amène au niveau supérieur, et plus vous montez, plus vous pouvez voir.

Vos pensées sont limitées par vos points de vue. Élargissez-les et il sera plus facile de prendre conscience des moments où vos pensées vous entravent… et d'autres pensées qui vous rendront plus heureux apparaîtront.

Découvrir ma capacité à contrôler mon tempérament a été une étape extrêmement importante dans mon développement, mais j'ai compris ensuite que gérer mes pensées n'est pas la réponse ultime à la vie — LA formule. Je restais insatisfaite avec un sentiment d'absence de buts dans la vie. Je recherchais quelque chose de plus, pas seulement la libération de ma souffrance, mais quelque chose qui serait la clé d'une authentique plénitude. C'est à ce moment que j'ai découvert le pouvoir d'avoir un *but*.

SE FIXER UN BUT

« Fixez-vous un but qui vous permettra d'atteindre quelque chose de si grand, de si exaltant, qu'il vous enthousiasmera tout en vous faisant peur. Ce but doit être en phase avec votre centre spirituel et être si attirant que vous ne pourrez vous empêcher d'y penser. Si vous n'avez pas la chair de poule quand vous vous fixez un but, c'est que celui-ci n'est pas assez élevé. »

— BOB PROCTOR

En examinant mes pensées, j'ai pris conscience qu'il y avait une connexion entre ce que je pensais, sentais, faisais, et les résultats auxquels j'aboutissais. Quand j'ai compris que j'avais réellement le pouvoir de changer mes pensées et mes émotions, j'ai été emplie d'enthousiasme. Rien ne pouvait m'arrêter ! Au lieu de me concentrer autant sur mes problèmes, je me suis mise à visualiser ce que je voulais atteindre et à me fixer de nouveaux buts.

J'ai toujours été motivée par des objectifs concrets : gagner assez d'argent pour me payer mon premier appartement et ma première voiture ; trouver l'homme de mes rêves, me marier et fonder une famille. Je sentais que si je pouvais atteindre ces buts, je serais heureuse.

Nous sommes tous différents et ne sommes pas tous axés sur l'ambition. Pour paraphraser des conférenciers et des écrivains spécialistes de la motivation, si nous sommes satisfaits de la vie telle qu'elle est et ne sommes pas sans cesse à la recherche d'une meilleure situation, il n'y a rien de mal à cela. Cependant, nous sommes tous des êtres créatifs par nature. Si nous n'envisageons pas d'aller vers quelque chose de nouveau, nous ressentons le besoin impérieux d'accumuler davantage de ce qui peut nous apporter du plaisir : plus de temps pour des relations de qualité avec les personnes que nous aimons, plus de temps pour pratiquer nos hobbies, etc. Je me demande toujours pourquoi il faudrait rechercher sans cesse la perfection alors qu'il est possible, en y consacrant quelques efforts, de rendre notre vie fantastique. Nous pouvons viser de simples buts pour améliorer notre existence, comme par exemple passer davantage de temps avec notre famille, faire des activités, apprendre quelque chose de nouveau, rencontrer de nouvelles personnes, ou essayer de sortir de l'ordinaire en gardant un sens d'enthousiasme et d'aventure.

Quels que soient nos buts — et qu'ils soient modestes ou ambitieux — il est compréhensible d'espérer les voir se manifester exactement comme nous l'avons imaginé. Notre passion nous inspire à considérer tous les merveilleux détails qui nous permettront de les atteindre. Au fur et à mesure que nous réussissons à passer chaque marqueur du chemin, la certitude que nous parviendrons à atteindre nos souhaits tels que nous les avons planifiés devient de plus en plus profonde. Toutefois, si ce signe ne se manifeste pas comme prévu, ou si nous

nous apercevons que les choses ont sans doute pris une mauvaise tournure, ou encore si des obstacles se présentent, nos espoirs peuvent retomber. Ce que j'ai appris sur les objectifs m'a amenée à la conclusion que la meilleure façon de les atteindre sans perdre espoir est de vraiment comprendre comment les établir et de travailler avec ceux qui sont réalisables.

Il est essentiel de garder à l'esprit que tous les buts ne *vous* correspondent pas forcément. Vraisemblablement, plus ils seront alignés sur vos passions et vos objectifs intérieurs, plus vous obtiendrez d'excellents résultats.

Les désirs du cœur

Si vous vous fixez un but concret, un marqueur de réussite, il pourra vous aider à rester concentré sur ce que vous voulez créer. Par contre, si vous ne posez pas ce repère, vous pourrez commencer à générer des pensées et des sentiments négatifs. La détermination et la concentration peuvent être très utiles pour atteindre vos ambitions, mais parallèlement, vous devez accepter que l'Univers ait ses propres conceptions sur la manière de transformer vos rêves en réalité.

Trop souvent, nous établissons des normes de réussite sans considérer les croyances sous-jacentes à nos aspirations. Si nous examinions de plus près les désirs qui nous tiennent le plus à cœur, nous pourrions découvrir qu'ils sont bien différents. Par exemple, quand je travaillais en qualité de coach pour la réalisation des objectifs, le but de presque tous mes clients était de faire davantage d'argent. Ils voulaient parfois gagner

un montant spécifique en un délai déterminé, par exemple un salaire à six chiffres en deux ans. Le problème avec un tel objectif, c'est qu'il est limité. Pourquoi pas un salaire à sept chiffres ? Pourquoi en deux ans ? Que diriez-vous si vous pouviez l'obtenir en six mois ? Et si l'argent vous arrivait non pas par l'intermédiaire d'un salaire ou d'heures supplémentaires passées au bureau, mais grâce à un investissement ou tout simplement grâce à l'abondance de l'Univers ? Je ne suis pas en train de dire que la meilleure option est d'acheter un billet de loterie et de vous croiser les bras, mais j'ai rencontré à maintes reprises des gens qui avaient la certitude que l'Univers les aiderait à cocréer la prospérité et à recevoir d'énormes sommes d'argent inespérées — du gouvernement, d'un héritage ou d'un compte en banque oublié depuis longtemps. Quand nous essayons de dicter *comment* et *quand* notre but doit se manifester, nous nous mettons des limites.

Il est également important de comprendre que pour qu'un but devienne réalité, il doit être alimenté par la passion. S'il n'est pas en synchronicité avec le désir de votre cœur, vous pourrez avoir l'impression d'être comme Sisyphe, le personnage mythologique qui ne cessait de pousser un rocher au sommet d'une montagne, pour recommencer dès que celui-ci avait de nouveau dégringolé la pente. Par contre, si votre but est enraciné dans la passion la plus profonde, vous serez capable d'accomplir la tâche la plus banale ou la plus difficile sans perdre une once de votre enthousiasme.

Même si vous pensez qu'un but vous passionne, il peut vous arriver, un jour où vous avez fait de la pros-

pection téléphonique, ou que vous devez parcourir une longue distance pour voir des clients ou traiter avec un partenaire grincheux, de vous dire : « Ce n'est pas drôle : où avais-je la tête ? » Si ce but est vraiment enraciné dans la passion, vous serez capable d'orienter vos idées vers un mode plus positif et de franchir l'obstacle… ou de le contourner et de revenir à la joie et à l'enthousiasme que vous aviez initialement ressentis. Les efforts fournis le long du chemin, ainsi que la satisfaction d'avoir réussi à franchir les barrages routiers peuvent rendre la performance encore plus valorisante et gratifiante. Cependant, si la conviction n'était pas présente au départ, vous aurez des ratés et calerez rapidement.

Lorsque vous pensez à vos buts, essayez d'accéder aux croyances les plus profondes qui s'y rattachent. Prenez un moment pour examiner sincèrement vos objectifs avant de vous concentrer sur la manière de les atteindre. Par exemple, les gens disent volontiers : « J'aimerais devenir riche afin d'être libre des soucis financiers et avoir plein d'argent ! » Je pense qu'il serait très utile d'explorer ce qui déclenche ces désirs. Vos motivations sous-jacentes sont-elles positives et stimulantes ou négatives et paralysantes ? Par exemple, si la pensée cachée qui y est rattachée est la suivante : *J'aimerais me libérer de mes soucis financiers et avoir plein d'argent pour obtenir enfin l'approbation de mon père ou me sentir gratifié parce que je n'ai pas une bonne image de moi ;* alors, aïe ! C'est le genre de croyance qu'il vous faut remplacer. Vous pouvez garder ce même objectif, mais avec une croyance plus positive pour l'étayer, telle que : *J'aimerais me libérer de mes soucis financiers et gagner beaucoup d'argent parce que je voudrais faire davantage pour ma famille et pour moi.* Et ceci pourrait à son tour se transformer en l'affirmation suivante : *J'ai beaucoup d'argent qui me permet de faire tout ce que je veux pour ma famille et pour moi-même.*

Quand vous remplacez vos pensées et vos sentiments par d'autres plus positifs, vos buts peuvent changer. Vous pourriez découvrir qu'en fait vous n'avez pas besoin de tant d'argent. Peut-être que votre envie véritable est simplement d'avoir la liberté financière de faire ce qui vous tient le plus à cœur à cette étape de votre vie — ce pourrait être un voyage, obtenir un travail auquel vous pourriez vraiment prendre plaisir et sentir que vous appartenez à une équipe qui fera une différence dans le monde. Et tant que vous aurez assez d'argent pour vous concentrer sur votre rêve plutôt que sur la difficulté de joindre les deux bouts, ce sera suffisant pour vous.

Admettons maintenant que votre but soit enraciné dans une pensée positive et stimulante. Commencez par l'exprimer au présent afin de ne pas laisser l'impression à l'Univers que vous voulez quelque chose ou que vous exprimez un sentiment de manque. Vous pourriez exposer votre but de cette manière : *J'ai un partenaire amoureux merveilleux et un cercle d'amis aimants qui me soutiennent dans ma communauté* ; ou bien : *Je suis heureux de créer un produit qui aidera ceux de ma spécialité à accomplir un travail plus efficace, ce qui nous permettra de nous concentrer sur les aspects les plus importants de notre travail.*

Ensuite, approfondissez encore vos pensées et vos sentiments afin de clarifier vos ambitions et de vous

faire une idée des moyens à engager. Vous commencerez par faire des recherches, apprendre, explorer et trouver des ressources pour obtenir du soutien et des informations supplémentaires. Au cours de cette première étape, vous serez probablement enthousiaste, et les obstacles que vous pourriez rencontrer — par exemple, les gens qui vous mettront en garde à l'effet que votre but sera difficile à atteindre ou la prise de conscience qu'un énorme travail vous attend — ne vous sembleront pas impossibles à surmonter. Si, une fois votre but atteint, vous vous apercevez que vous avez dû faire des sacrifices, voire endurer des émotions désagréables, de la fatigue et de la frustration pour y arriver, vous réaliserez combien il est important de rester en contact avec votre passion — parce que c'est le carburant qui peut vous propulser en avant quand la situation devient difficile.

Puiser dans le pouvoir de votre passion

J'utilise quotidiennement certaines techniques pour me reconnecter à ma passion et à mon enthousiasme, ce qui m'aide à générer des sentiments de curiosité, de confiance, de foi, de joie et d'amour. Par exemple, j'aime travailler avec ce que j'appelle mes *fiches d'objectifs*, à savoir de simples cartons sur lesquels je note mes intentions dans les domaines de développement personnel et spirituel, des relations, des finances, des affaires, de la carrière et de la santé. Vous pouvez vous sentir satisfait de votre vie en général, mais ressentir le besoin urgent d'en modifier un élément. Dans ce cas, votre fiche ne comportera que ce but important.

Consultez-la le plus souvent possible, lisez-la en y apportant l'émotion correspondante pour vous reconnecter à votre passion.

Je travaille avec des hommes et des femmes dont les objectifs s'appuient sur la passion ; cependant, j'ai rencontré des gens qui, lorsqu'ils examinent leurs aspirations, découvrent que leurs intentions ne sont pas enracinées dans ce qu'ils désirent, mais dans ce qu'ils pensent qu'ils *devraient* désirer. Si vous ressentez le besoin de vous persuader d'un but particulier, vous vous retrouverez probablement en train de classer votre étagère à épice par ordre alphabétique ou de lire chaque publicité de votre courrier avant de procéder au coup de téléphone qui vous aidera à atteindre ce que vous prétendez vouloir ! Ne vous reprochez pas les procédés que vous élaborez pour éviter ce que vous pensez devoir faire ; soyez bienveillant avec vous-même. Si le cœur n'y est pas, vous n'y arriverez pas. Abandonnez tout ce qui est enraciné dans des croyances et des émotions négatives ; puisez plutôt dans le pouvoir de votre passion et laissez-la déterminer ce que vous voulez atteindre.

La bonne nouvelle est que vous n'avez même pas à savoir comment réaliser les désirs de votre cœur. Vous devez simplement les connaître, vous concentrer dessus et créer les sentiments et les pensées qui soutiendront votre projet. Ressentez vraiment les émotions que vous auriez si vous aviez déjà atteint votre but, et la voie se révèlera d'elle-même en son temps. Commencez avec enthousiasme et vous saurez tout simplement quelles actions entreprendre.

Êtes-vous vraiment prêt pour la réussite ?

Il se peut que ce que vous voulez vraiment ne soit pas clair à vos yeux. Si vous n'examinez pas et ne considérez pas les conséquences que peut entraîner un but particulier, vous pourriez vous sentir insatisfait ou déçu après avoir accompli ce que vous aviez prévu. Le fait d'imaginer avoir déjà réussi à conquérir le sommet de la montagne et atteint le succès vous aide non seulement à créer de puissantes émotions qui vous propulsent en avant, mais à vous préparer à certains aspects de cette réussite que vous n'aviez peut-être pas envisagés.

C'est une constatation que j'ai pu faire avec certains écrivains qui veulent devenir des auteurs à succès. Ils savent qu'ils veulent faire de l'argent, propager leurs idées dans le monde et aider les gens, et ce sont des objectifs merveilleux nés de leur passion, de leurs croyances et de leurs émotions positives. Cependant, chaque situation comporte ses défis. Bien qu'ayant atteint mon but consistant à publier un livre à succès, j'ai été rapidement submergée par toutes les demandes qui l'accompagnaient. Chaque fois que je consultais mes courriels, ma boîte était pleine. Les médias ne cessaient de m'appeler pour des interviews et je me démenais tant que je me suis retrouvée un jour dans une émission de radio en direct, à dire quelque chose tout en me sentant un peu tendue et inquiète : *n'avais-je pas déjà dit cela cinq minutes auparavant ?* Ou : *Est-ce quelque chose que j'ai déjà dit dans mes entrevues précédentes ?* Les gens m'adressaient des demandes et, si je ne répondais pas aussitôt à leurs appels ou à leurs courriels, ils m'écrivaient ou me laissaient des messages pleins d'amertume, à la limite de la colère. Je me souviens d'un jour où, après une journée extraordinairement réussie de marketing sur Internet, j'étais au comble de la joie pour ce que j'avais accompli et j'ai rapidement commencé à parcourir les centaines de courriels que je venais de recevoir. Soudain, je suis tombée sur l'un deux qui disait simplement : « C'est une farce et vous êtes la risée de tous ». Cela a été si douloureux qu'encore maintenant, huit ans plus tard, les mots exacts restent gravés dans ma mémoire !

Sur le moment, cette attaque virtuelle a déclenché une série de pensées qui ont généré encore plus de douleur. Toutefois, j'en savais suffisamment sur la façon de maîtriser mon esprit pour me dire avec conviction : *Bien, cet individu a manifestement des problèmes pour être aussi agressif à mon égard ; mon intention d'aider les autres est uniquement nourrie par la joie et l'amour et par un désir sincère d'élever les gens ;* puis de lâcher prise sur cette horrible sensation. Cependant, cette attaque surprise m'a fait prendre conscience qu'étant donné que je m'étais engagée dans cette voie, il y aurait toujours des gens qui, à cause de leurs problèmes personnels, se répandraient en invectives contre moi. C'était un aspect de la notoriété que je n'avais pas considéré. Je sais que je ne peux pas plaire à tout le monde ni satisfaire toutes les attentes, mais j'ai appris à faire de mon mieux, si bien qu'à la fin de la journée je suis capable d'oublier le trop plein d'exigences qui pèse sur moi et de me sentir satisfaite de ce que j'ai accompli.

Quel que soit votre but, attendez-vous à quelques surprises quand vous l'aurez atteint. Apprenez tout ce

que vous pouvez des gens qui ont fait la même expérience, car ils peuvent vous amener à considérer certains côtés déplaisants auxquels vous n'auriez jamais pensé. Cependant, si quelqu'un se montre très pessimiste ou vous décourage, reconnaissez qu'il peut avoir ses propres problèmes l'incitant à se décourager face à *n'importe quel* objectif et à se comporter négativement devant *toute* situation.

Des années auparavant, l'une de mes amies, Jean, était très excitée à l'idée de déménager à New York et de devenir actrice, si bien qu'elle a partagé son projet avec une personne qui avait déjà vécu et travaillé à New York. Elle l'a prévenue que la seule façon d'habiter à Brooklyn, Queens ou au New Jersey était de louer un appartement en colocation. Jean lui a répondu qu'elle le savait et qu'elle faisait des recherches pour trouver un appartement en dehors de Manhattan. L'autre a poursuivi en l'informant qu'elle devra prendre le métro et sera coincée dans la foule pendant au moins 20 minutes chaque matin et chaque soir pour aller à son travail et en revenir. Jean n'était toujours pas découragée, mais la liste énumérée par cette femme sur toutes les horreurs de la vie à New York avec un budget serré était infinie. Plus tard, quand Jean m'a rapporté sa conversation, j'ai clairement vu qu'elle n'en était pas bouleversée, mais qu'elle pensait sincèrement que c'était bien de savoir ce qui l'attendait afin de ne pas avoir trop de surprises désagréables. Elle a conclu en disant qu'elle pensait que cette pauvre femme aurait probablement été malheureuse dans son propre jet privé en partance vers le meilleur spa du monde pour deux jours de petits soins !

Quand vous recevez des conseils, écoutez ce que l'autre a à dire, même si vous n'êtes pas d'accord. Soyez respectueux, prenez en compte son point de vue et réfléchissez-y. Vous pourrez tomber sur des gens dont les avis sont altérés par leurs problèmes, et même trouver que certains sont brutaux ou arrogants pour des raisons qui leur sont propres. Si vous choisissez de ne pas générer d'émotions préjudiciables en réaction à leur comportement, vous pourrez prendre ce qui vous semble utile et écarter le reste, puis rechercher d'autres personnes qui pourront vous offrir un soutien plus positif.

Que ce soit partager une petite salle de bains avec votre premier colocataire ou supporter les humeurs de votre partenaire dans une relation à long terme, il y aura toujours des défis à relever afin d'atteindre vos buts. Mais, rappelez-vous, ce qui peut être un inconvénient pour l'un peut être un plus pour vous. En vous informant auprès de ceux et celles qui ont déjà réussi ce que vous cherchez à atteindre, vous pourrez apprendre à vous débrouiller en cas de surcharge de travail, de manque d'intimité ou de flexibilité, ou de plus grandes responsabilités. Plus important encore, si votre but vous semble juste et enraciné dans votre passion, vous serez capable de gérer ces changements sans tomber dans les émotions et les pensées négatives.

Se préparer à la réussite signifie également lâcher prise sur ce qui pourrait vous empêcher d'aller de l'avant. Arielle Ford qui a écrit *Le secret pour trouver l'âme sœur*, affirme que, si vous recherchez vraiment une relation à long terme, engagée et aimante, vous devez d'abord nettoyer vos placards — littéralement! Vous devez faire de

la place dans votre vie pour faire entrer quelque chose de nouveau : mettre de côté vos distractions et préparer le nid pour votre réussite.

Plus qu'un simple « assez bien »

Les meilleures récompenses de la vie ne viendront pas à maturité en faisant un travail « assez bien ». Pensez à une mère qui prend du temps pour comprendre pourquoi sa fille ne réussit pas à l'école : après avoir mis de côté son embarras ou sa frustration, elle pourra approfondir et découvrir que son enfant a une difficulté d'apprentissage à laquelle il est possible de remédier. Quel cadeau merveilleux elle aura donné à sa fille !

Si vous faites ce que tout le monde considère impossible à faire parce que vous êtes absolument déterminé à atteindre votre but, vous pourrez être traité d'« insensé » ou de « trop exalté ». La route vers la réussite n'est pas toujours confortable et elle peut être si solitaire que vous pourriez finir par penser : *Peut-être ont-ils raison et c'est moi qui suis insensé*. Dans ces moments-là, la meilleure chose à faire est de vous reconnecter à votre passion. Vous retrouverez votre foi et découvrirez de nouvelles idées créatives vous permettant d'atteindre votre but. Vous pourriez même trouver le moyen d'atteindre les gens d'une façon nouvelle et passionnante et les inciter à partager votre rêve.

L'une de mes amies, qui enseigne le yoga, avait des difficultés à attirer des clients à ses cours. Les étudiants de cette discipline avaient tendance à s'inscrire à des séances dirigées par des instructeurs qu'ils connaissaient plutôt qu'auprès d'une personne qui ne leur était pas familière. En offrant quelques cours gratuits aux nouveaux venus, elle a attiré des gens qui ont découvert et apprécié ses méthodes. Un autre de mes clients a accepté de proposer ses services professionnels à un coût minime en échange d'une approbation publique de son travail si la personne était satisfaite. Celle-ci, n'ayant rien à perdre, a accepté de travailler avec mon client et lui a fait un tel éloge qu'il a pu signer de nouveaux contrats.

La réussite d'un objectif requiert toujours du travail. Même si vous voulez gagner à la loterie, vous devez sortir acheter des billets! Il vous faudra peut-être investir une quantité considérable de temps et d'argent pour arriver là où vous voulez aller, mais si vous évitez de penser à ce à quoi vous devez renoncer et de vous concentrer plutôt sur votre passion, à savoir générer des sentiments de joie, d'enthousiasme et de confiance, vous constaterez probablement que les bénéfices que vous en tirez sont si grands qu'ils valaient la peine de faire des sacrifices.

Viser à réussir de votre mieux plutôt que viser à être le numéro un

Des années auparavant, je me souviens avoir entendu le champion de boxe de poids lourds, Mohammed Ali, dire à la télévision juste avant un combat, «Je suis le meilleur!», c'était sa signature. Certains pensaient qu'il était vaniteux, mais j'ai compris que, chaque fois qu'il commençait une compétition, il avait besoin de vraiment croire qu'il était le plus grand boxeur de l'arène. Ce qu'il croyait, il le réussissait.

Créer un état émotionnel dans lequel vous sentez que *vous* êtes « le meilleur » vous permettra d'atteindre n'importe quel but et de réussir de votre mieux. Cependant, il est important de ne pas tenter de devenir le numéro un à tout prix. Il est difficile de définir un vrai gagnant ou un numéro un en ce qui concerne les activités quotidiennes. Pour être un champion dans la vie, il faut donner le meilleur de vous-même. Il n'y a rien de mal dans les rencontres compétitives saines, mais pour être à votre meilleur, il n'est pas nécessaire d'avoir obligatoirement le dessus sur tous les autres. Il n'est pas toujours vrai que quelqu'un doive perdre pour que vous gagniez ; c'est le cas uniquement dans les compétitions sportives ou autres sortes de jeux. Quand Mohammed Ali a été déclaré vainqueur du titre mondial, son adversaire avait définitivement perdu et a dû lui remettre la ceinture de champion. Toutefois, la croyance qu'il vous faut à tout prix être le numéro un vient souvent d'un sentiment de manque : si vous n'atteignez pas le sommet avant quiconque, vous n'obtiendrez pas la récompense. Il ne peut y avoir qu'un champion de boxe à la fois dans le monde, mais il peut y avoir de nombreux agents immobiliers de premier ordre dans votre entourage, des milliers d'auteurs à succès et des millions de parents hautement qualifiés. En découvrant ce que vous avez d'unique à offrir, vous pouvez être le meilleur dans votre domaine et atteindre les résultats que vous désirez.

Quelques temps auparavant, j'ai reçu un client qui voulait réussir à vendre beaucoup de livres et à donner des séminaires. Il travaillait très dur, croyait en son message,

et n'hésitait pas à faire du travail supplémentaire pour se faire connaître. Il avait son propre programme audio et son infolettre sur Internet et recherchait continuellement de nouvelles façons de mousser la publicité de ses produits et services. Il avait cependant une très forte propension à la compétition : chaque fois qu'il s'apercevait que la réussite financière de ses collègues dépassait la sienne, il venait me voir en se plaignant qu'il était bien meilleur qu'eux et se demandait pourquoi ils réussissaient aussi bien. C'est un peu comme s'il appuyait sur l'accélérateur pendant que son ego appuyait sur les freins. Il est allé jusqu'à développer une maladie liée au stress qui l'a tenu à l'écart plusieurs mois. En freinant et en accélérant constamment, il gaspillait du carburant et épuisait son moteur. Ce qu'il ne comprenait pas, c'est que s'il avait été capable de se réjouir de la réussite des autres, la sienne aurait augmenté.

Si nous pouvons faire naître en nous des émotions sincères de joie, d'enthousiasme et d'abondance, l'Univers travaillera de concert pour nous amener les situations en harmonie avec ces sentiments. Lâcher prise sur la croyance destructrice que nous ne pouvons atteindre notre but si quelqu'un d'autre l'atteint, nous ouvrira à cette pensée plus positive : *l'abondance est accessible à tous dans l'Univers !*

Qu'est-ce qu'un but « réaliste » ?

Je crois qu'il faut viser grand. Un but réaliste est nécessairement un but possible à atteindre dans le monde matériel. Si vous avez 49 ans et songez à vous initier

à la nage avec l'intention de gagner la médaille d'or aux 100 mètres dos crawlé au cours des prochains Jeux olympiques, cela n'arrivera probablement pas ! Sans aller jusque-là, un objectif réaliste tient compte des caractéristiques suivantes : 1) il est vraiment alimenté par votre passion intérieure ; 2) vous êtes décidé à travailler dur et à faire des sacrifices pour y arriver ; 3) il peut se manifester de plus d'une façon. Par exemple, si vous commencez la nage à 49 ans et pratiquez très dur, vous pourrez peut-être vous présenter à un concours pour des personnes d'un certain âge, participer à une épreuve de dos crawlé et gagner ! Si vous êtes créatif et ouvert quant à la manière dont peut se manifester votre but, vous pourriez découvrir un chemin vers la réussite que vous n'aviez jamais envisagé auparavant.

Vous pouvez tout demander à l'Univers, mais la question est : êtes-vous disposé à faire tout ce qu'il faut pour obtenir ce que vous voulez ? Bien qu'un dur labeur et des sacrifices sont indispensables pour atteindre un but quel qu'il soit, ne vous permettez jamais d'abandonner votre famille, ni de détruire votre santé ou votre bien-être pour l'atteindre. Si une ambition requiert ce genre de sacrifice, c'est qu'elle est probablement enracinée dans des sentiments de dévalorisation tels que : *je ne serais jamais assez bien tant que je n'aurai pas accompli quelque chose de grand ; je ne mérite pas de me sentir bien tant que je n'aurai pas prouvé mon mérite ;* ou *j'ai peur de ce qui arrivera si je ne parviens pas à ce but.* Si vous êtes désespéré et prêt à tout abandonner pour atteindre votre but, j'espère que vous vous arrêterez et prendrez le temps de chercher

où se trouve votre véritable passion et de veiller à ne pas vous laisser guider par des pensées ou des émotions négatives.

Lorsque je travaille avec des écrivains qui aspirent à la renommée, je leur pose les trois questions suivantes afin de les aider à déterminer si leur but est réaliste :

1. En atteignant votre but, cela comblera-t-il un besoin chez les gens ?

En temps qu'experte du marketing par Internet, j'ai aidé de nombreux écrivains à apprendre à vendre leurs livres inspirants sur la croissance personnelle. Je crois qu'il y aura toujours des gens qui chercheront à améliorer leur vie, à atteindre leurs buts et à expérimenter un bonheur et une satisfaction plus intenses. Il y aura donc toujours des amateurs de ce genre de livres. Je pense aussi que les gens ont souvent besoin d'entendre un message plusieurs fois et exprimé de différentes façons avant qu'il ne s'imprime en eux ; c'est pourquoi même des livres traitant de sujets déjà explorés peuvent se vendre bien dans une certaine mesure. Cependant, il arrive qu'un client potentiel me dise que son livre aborde un sujet qui ne concerne qu'un public restreint, ou que je sente qu'il ne propose aucune idée nouvelle. Dans ce cas, je suggère à l'écrivain de procéder à des recherches plus poussées avant d'investir de l'argent, de l'énergie et des efforts à écrire, éditer et vendre un livre pour lequel il n'y a pas de marché. Ils veulent tous croire qu'ils tiennent là un sujet qui fera sensation, mais certains ne sont tout simplement pas à la hauteur.

En ce qui concerne les buts personnels, nos besoins interfèrent toujours avec ceux des autres. Si la satisfaction de nos désirs fait naître des sentiments positifs en nous, ces sentiments se retrouveront chez les autres. Toutefois, si votre ambition est fondée sur un manque, atteindre vos objectifs pourrait effectivement nuire aux autres.

Supposons que votre but est de gagner beaucoup d'argent parce que vous avez l'impression de ne pas en avoir assez, mais que vous ne vous préoccupiez pas de transmettre des valeurs au monde. Dans ce cas, vous essaierez probablement de rogner sur les coûts pour économiser de l'argent et fournirez un produit ou un service de qualité inférieure. Un tel résultat ne profite pas au monde — en fait, il lui nuit en donnant aux consommateurs des raisons de se méfier et d'être pessimistes. Les gens ont souvent des réticences à essayer de nouveaux produits parce qu'ils se sont déjà fait avoir, et il est donc difficile pour ceux qui présentent des articles de qualité de les convaincre qu'ils peuvent une fois encore faire confiance à quelque chose dont ils n'ont jamais entendu parler.

Si votre désir est d'aider les autres et d'être vous-même une meilleure personne, un meilleur citoyen, parent, enfant, ou employé — en essayant de combler les besoins de la planète avec plus d'amour, de générosité et d'information — non seulement vous pourrez réaliser vos aspirations personnelles en accédant à votre but, mais vous atteindrez aussi les autres de manière positive en comblant leurs besoins. Plus vous transmettrez aux autres des valeurs inconditionnelles, plus riche sera votre expérience.

2. Pourquoi les gens devraient-ils vous faire confiance, vous soutenir et vous écouter?

Je pose souvent les questions suivantes à mes clients désireux d'écrire un livre : «En quoi êtes-vous expert sur ce sujet?» «Qu'avez-vous à offrir de différent?» «Avez-vous une histoire inhabituelle à partager qui puisse attirer l'attention dans un domaine important?» «Pouvez-vous présenter un sujet déjà traité d'une manière nouvelle qui pourrait aider les autres à apprendre et à grandir?» «Avez-vous une empathie exceptionnelle et êtes-vous capable d'enseigner avec efficacité?»

Peu importe la nature de votre but, vous aurez besoin du concours des autres afin de l'atteindre. Il est donc important que vous vous posiez ces questions. Vous aurez besoin d'identifier vos dons, uniques, qui vous aideront à partager l'information, les ressources et le support avec les autres, afin qu'ils vous aident en retour lorsque le moment sera venu. Donnez, et vous recevrez. Quand vous prendrez conscience de vos propres talents et perspectives personnelles – et que vous les apprécierez – vous trouverez des moyens de les exprimer au monde de façon positive et bénéfique. Puis, vous n'aurez plus qu'à collecter vos gains.

Si vous sentez que vous n'avez rien de particulier à proposer, vous aurez certainement du mal à garder une bonne opinion de vous et à maintenir votre passion jusqu'à la réalisation de votre but; il serait donc sage de creuser un peu plus le sujet.

3. Avez-vous les ressources nécessaires pour atteindre votre but, ou êtes-vous disposé à les acquérir?

Rappelez-vous qu'il n'est pas obligatoire que vous sachiez comment atteindre votre but final en partant de là où vous en êtes, mais vous devez être prêt à travailler dur et à ne pas sauter les étapes cruciales. Vous devez avoir les ressources qui vous seront nécessaires — ou vouloir et être en mesure de les acquérir — que ce soit un capital suffisant pour démarrer une entreprise, un talent en communication ou une connaissance particulière.

Chaque objectif requiert d'apprendre de nouvelles habiletés et de peaufiner celles que vous possédez déjà. Il vous faudra peut-être de l'argent pour retourner aux études ou pour acheter du matériel pédagogique, ou bien un soutien émotionnel pour garder votre détermination à développer de meilleures capacités parentales afin de gérer le comportement perturbateur de votre enfant. Il vous faudra peut-être apprendre des techniques d'adaptation afin de trouver un équilibre dans votre vie et de garder un esprit joyeux tout en jonglant avec le travail, l'éducation des enfants ou la charge d'un parent âgé. Il peut arriver que, pour acquérir les ressources dont vous avez besoin, vous deviez investir davantage d'argent et de temps — et cela signifie faire des sacrifices. En considérant votre objectif et ses exigences, déterminez honnêtement ce qu'il vous faudra accomplir et voyez si vous êtes vraiment prêt à tenir tous les engagements nécessaires.

Définir un objectif exigera de vous un examen minutieux, en partie parce qu'il affectera obligatoirement les gens qui vous sont proches. Si vous démarrez une nouvelle entreprise, vous n'aurez peut-être plus autant de temps pour aider votre ami en proie à un divorce pénible ou pour assister au match sportif de votre enfant. Si votre ambition vous demande de faire un voyage ou de vous déplacer plus souvent et que vous avez une famille qui a besoin de vous à la maison, cela pourrait constituer un dilemme. En vous reconnectant à votre passion la plus profonde et en restant ouvert aux différentes manières dont peuvent se manifester vos buts, il sera plus facile pour vous de découvrir les options qui vous sont disponibles.

Quand vous définissez votre intention, considérez les besoins de vos proches, et affirmez ce que vous voulez pour eux. Par exemple : *J'aime notre nouvelle maison et son excellent voisinage et ma famille est ravie de ce changement.* Ou : *Je m'en sors très bien avec mes cours universitaires du soir, mon mari et mes enfants me soutiennent avec enthousiasme.*

Restez flexible sans vous plier en quatre

Il nous arrive parfois de nous enfermer dans des idées très limitées sur la finalité de notre but. Que signifie être célèbre ou réussir sa carrière ? Que signifie être un bon parent ? Examiner ce que vous voulez vraiment vous aidera à trouver votre voie et vous permettra aussi d'être plus ouvert aux différentes façons dont votre but peut se manifester. Il n'est pas toujours possible de savoir comment vous arriverez là où vous voulez aller.

Dans la vingtaine, j'avais la ferme intention de me marier avant mes 30 ans. Cependant, le temps passait et je n'avais toujours pas rencontré l'homme idéal. Peu avant 30 ans, j'ai eu une relation avec un homme très charmant qui m'a demandée en mariage… et j'ai pris conscience que, malgré l'importance que j'accordais au fait de me marier, ce n'était pas essentiel que ce soit avant 30 ans. Ce qui était le plus important était d'épouser la bonne personne, et dans mon cœur, je savais que cet homme n'était pas celui qu'il me fallait. Finalement, j'ai dû me montrer plus flexible sur le moment opportun de mon but.

Il vous faudra peut-être également faire quelques ajustements sur la manière dont votre but se présentera. Il se peut que vous accédiez à la richesse et à l'abondance d'une façon totalement différente de celle que vous aviez envisagée. Peut-être vous faudra-t-il reconsidérer vos définitions de la réussite. Vous faut-il être le vendeur le mieux payé en ville pour sentir que vous avez réussi? Devez-vous gagner un certain montant d'argent? Être un bon parent signifie-t-il ne jamais faire d'erreurs? Si vous êtes sincère avec les désirs de votre cœur, vous reconnaîtrez que, même si le but que vous avez atteint s'est révélé très différent de celui que vous aviez espéré, il vous convient et vous n'en ressentirez ni colère ni frustration.

L'Univers a ses propres conceptions sur la manière dont vos rêves peuvent devenir réalité et il est probable que vous serez plus heureux du résultat qu'il vous a permis de créer, comparé à celui que vous aviez imaginé initialement.

Aussi merveilleuse que puisse être la réalisation des buts que vous avez établis, il est important de reconnaître que ce n'est pas LA formule qui génèrera le bonheur et la satisfaction. En ce qui me concerne, je serai toujours quelqu'un qui aime se fixer de grands objectifs et les atteindre; cependant, j'ai aussi découvert que les buts qui me procuraient le plus de joie sont ceux qui sont enracinés dans une passion destinée à rendre le monde meilleur, même par le biais de petites actions.

J'ai apprécié d'avoir pu m'offrir une bonne voiture et un appartement spacieux grâce aux efforts constants que j'ai déployés au début de ma carrière, et j'ai certainement pris un grand plaisir aux relations que j'ai développées dans ma vie. Mais mon travail actuel — celui d'aider les autres à atteindre leurs buts, sachant que je peux changer la vie des gens de manière positive et profonde — m'a fait prendre conscience qu'être uniquement productive et réussir ne me suffit pas. J'ai l'impression que, pendant longtemps, j'ai négligé quelque chose de très important : utiliser mes dons et talents uniques pour contribuer au bonheur des autres de manière significative. Le service aux autres était-il cette formule unique que j'avais toujours recherchée?

DONNER AUX AUTRES

« Vous obtiendrez tout ce que vous voulez dans la vie si vous aidez assez de gens à obtenir ce qu'ils veulent. »

— Zig Ziglar

J'ai toujours été ambitieuse et j'ai poursuivi de nombreux objectifs. Toutefois, même au début de ma carrière, je n'attachais pas d'intérêt aux profits. Je voulais faire connaître aux gens un produit ou un service qu'ils apprécieraient. J'étais sincèrement enthousiasmée par ce que je proposais et mes résultats s'en ressentaient. À l'époque où je vendais des systèmes informatiques, j'adorais faire la démonstration des caractéristiques de mes produits et être capable de démontrer à des clients potentiels comment nos ordinateurs pouvaient solutionner des problèmes qu'ils auraient été incapables de résoudre eux-mêmes. Une fois la vente faite — ce que je réussissais facilement grâce à ma passion et à mon engagement à proposer un produit correspondant au désir du client — je prenais vraiment plaisir à répondre à leurs réclamations et à les aider à tirer le maximum de l'équipement qu'ils avaient acheté. J'avoue que, grâce à ces conversations, mes connaissances du produit s'amélioraient, ce qui signifie qu'en donnant, j'en obtenais moi-même des bénéfices. Je transmettais ensuite ces nouvelles connaissances acquises au client suivant, ce qui donnait encore plus de valeur au produit.

Même si j'adorais mon travail et que je gagnais bien ma vie, j'ai commencé à réaliser que ce qui me stimulait le plus était de me mettre au service des autres. Un jour, j'ai assisté à une conférence donnée par Zig Ziglar dans laquelle il disait que, quand vous aidez quelqu'un à atteindre un objectif, vous vous aidez vous-même — et j'ai pensé : *exactement!*

Ce que j'ai appris cependant, c'est que vous ne pouvez compter les points ni essayer d'obtenir en retour la même somme que vous avez investie. Donner généreusement sans ressentir le besoin de faire le compte des largesses que vous avez distribuées devient possible quand vous avez ouvert votre cœur, que vous vous êtes connecté à l'amour et que vous avez élevé le niveau de chaque émotion positive qui vous aidera à créer le succès et l'abondance.

Demander «Que pourrais-je offrir qui contribuerait aux autres de manière positive?» et «Comment puis-je servir?» ne signifie pas que vous allez perdre toute votre énergie ou que les autres vont profiter de vous. Au contraire, cela vous donne un objectif. Chaque fois, vous saurez que vous avez fait une différence dans la vie de quelqu'un grâce à votre modeste contribution.

Les différentes façons de donner aux autres

Il y a quelque temps, j'ai dû embaucher une équipe de cinéastes afin de m'aider à créer une annonce publicitaire pour mon livre *21 principes de la richesse*. Nous avons arpenté les rues d'Ottawa pour saluer les gens qui avaient été prévenus du tournage par mon site Web ou par mon infolettre. Alors que je demandais si quelqu'un avait une histoire à partager que nous pourrions utiliser dans notre mini-film, une adorable jeune femme, appelée Lisa, m'a dit qu'elle avait entendu parler de mon travail par l'une de ses amies qui avait voulu l'aider.

Lisa a raconté qu'elle était une jeune maman et que son médecin lui avait diagnostiqué une maladie grave qui pouvait lui être fatale. Après avoir fait des recherches sur le traitement que lui recommandait son docteur, elle avait pris une décision audacieuse : elle avait choisi de renoncer au traitement médical classique et de travailler avec un praticien de médecine alternative. Son médecin et son mari étaient très contrariés, mais elle a maintenu sa détermination. Une amie qui la soutenait lui avait envoyé l'un de mes livres et des informations sur mes activités dans l'espoir de l'aider à acquérir des moyens qui l'aideraient à gérer ses pensées et ses émotions afin d'améliorer sa santé. Elle m'a confié que l'une de mes méditations était devenue pour elle un outil clé qu'elle utilisait chaque jour afin de visualiser son corps de nouveau en santé, et elle m'a remerciée d'avoir écrit des livres aussi bénéfiques. Je lui ai répondu que j'en étais ravie, mais que c'était *moi* qui la remerciais d'avoir raconté son histoire.

Il ne m'était jamais venu à l'esprit que mes conseils pourraient être utilisés concrètement pour aider quelqu'un à surmonter une maladie aussi grave, et j'ai été sincèrement touchée par l'histoire de Lisa. Pour moi, le simple fait de savoir que quelque chose que j'ai dit, écrit ou créé était capable d'avoir un tel impact sur une autre personne suffisait à provoquer des larmes de joie. Je lui ai dit que ce n'était pas moi qui avais accompli le travail difficile d'écouter sa voix intérieure et d'utiliser les techniques thérapeutiques quotidiennement afin d'atteindre des résultats extraordinaires — *elle* en avait tout le mérite.

Je suis toujours reconnaissante chaque fois que j'ai l'occasion de contribuer positivement à la vie d'autres personnes ; c'est ce qui donne un sens à ma propre vie. Je pense que s'il y avait davantage de gens qui découvraient leur propre et unique façon de servir les autres, ils expérimenteraient eux aussi la joie, la gratitude et un sens puissant d'accomplissement. Lorsque nous sommes en contact avec nos passions et nos aptitudes les plus profondes et que nous les retransmettons au monde pour le bien de tous, nous découvrons combien nous pouvons influencer profondément les autres.

Nous avons tous le potentiel de donner d'une manière ou d'une autre. Ce qui veut dire que chacun peut rendre son petit coin personnel du monde un petit peu plus lumineux et un petit peu plus joyeux. Nous avons trop souvent tendance à nous dire que si nous ne pouvons pas accomplir quelque chose de grand, à quoi bon ? Pourtant, si nous donnons aux autres du plus profond

de notre cœur, même une action toute simple peut avoir un grand impact.

Les êtres humains peuvent donner de nombreuses manières différentes, mais nous sous-estimons parfois les merveilleux talents que nous avons et qui peuvent être utilisés pour aider les autres. Par exemple, on enseigne souvent aux femmes à exprimer leur sympathie et à entrer en contact avec autrui de façon émotionnelle, alors que l'on demande aux hommes d'aider les autres de façon pragmatique. Ces deux types de dons sont efficaces, mais parfois les femmes se sentent mieux en offrant une épaule amicale pour pleurer, tandis que les hommes préfèrent proposer un soutien constructif. D'autres encore peuvent penser que s'ils ne donnent pas de leur temps, mais seulement de l'argent, ce n'est pas vraiment valable. Cependant, ce qui importe le plus, c'est de donner avec un sentiment sincère de générosité.

Si vous commencez à vous inquiéter de ce que penseront les autres si vous leur avez procuré une aide qui ne leur conviennent pas, ce peut être décourageant. En examinant les croyances qui ont généré votre mal-être, vous serez capable de ne plus céder à toutes sortes de sentiments et de récolter les bienfaits émotionnels en constatant que vous avez fait une différence dans la vie de quelqu'un.

Nous allons maintenant parler de trois manières fondamentales de donner aux personnes qui sont dans le besoin : proposer un soutien émotionnel, partager notre vulnérabilité et offrir une aide pratique.

1. Proposer un soutien émotionnel

Même si ce n'est pas toujours possible de pouvoir se mettre à la place de quelqu'un, le seul fait de dire, «Je suis tellement désolé de te voir souffrir», et d'offrir son aide d'une façon ou d'une autre a son importance. Par exemple, l'une de mes amies se sentait submergée par la charge qui lui incombait de prendre soin d'un parent dont la santé déclinait. Un jour, une assistante sociale qui lui parlait du dossier d'aide sociale de son père, lui a promis non seulement qu'elle allait résoudre le problème, mais a également ajouté : «Je suis vraiment désolée que vous ayez à supporter cela. Je sais que ce n'est pas facile, et j'espère vraiment que vous pourrez trouver le temps de prendre soin de vous, car la charge d'un malade peut être très éprouvante. J'en ai fait l'expérience avec ma mère et je sais combien ce peut être difficile, aussi tenez bon et soyez indulgente envers vous-même.» Il faut bien comprendre qu'exprimer son empathie et sa compassion ne faisait certainement pas partie de la mission de cette femme. Mais elle a profité de cette occasion pour aider quelqu'un d'autre, et ses paroles ont été très réconfortantes aux yeux de mon amie.

Malheureusement, nous laissons parfois notre propre insécurité entraver notre désir d'offrir un soutien aux autres. Nous restons silencieux par peur de prononcer les mots qu'il ne fallait pas. Pourtant il n'est jamais inapproprié de dire : «Je suis vraiment désolée de la perte que tu as subie» ou «J'aimerais tant t'aider davantage.» Le simple fait d'exprimer sa sympathie est souvent la

meilleure chose que nous puissions faire pour quelqu'un qui souffre.

Il est important toutefois de se rappeler que les sentiments des gens peuvent changer. Acceptez qu'ils soient sous l'emprise des émotions, mais veillez à ne pas leur suggérer que telle ou telle émotion est bonne ou mauvaise pour eux. Des années auparavant, l'une de mes amies avait fait un mauvais mariage avec un homme autoritaire et verbalement violent. Je ne l'avais jamais aimé, et quand elle m'a annoncé qu'elle allait enfin le quitter parce qu'il était trop cruel et froid, j'ai été entièrement de son avis et lui ai dit qu'elle avait raison de partir. Quelques semaines plus tard, elle avait changé d'idée... et étant donné que j'avais été si virulente à exprimer mes sentiments envers son mari, l'atmosphère entre nous a été assez tendue pendant quelque temps. C'est à ce moment que j'ai appris que la meilleure chose à faire quand quelqu'un est en proie à d'intenses émotions, est de dire : «Ce doit être un vrai défi pour toi» et «Je serai toujours là si tu as besoin de quelqu'un avec qui parler.»

Il est inutile de donner encore plus de raisons aux gens de se sentir mal. La négativité est un poison, aussi si vous essayez de réconforter une personne en lui disant : «Bien sûr que tu es en colère. Tu as des tas de raisons de l'être!», et que vous continuez à lui énumérer toutes les raisons qu'elle a d'être furieuse, il est probable que vous attiserez sa colère. Aussi, au lieu de l'encourager dans ses émotions négatives, reconnaissez simplement ses sentiments. Puis essayez de l'amener doucement à visualiser ce que sa vie serait si elle retrouvait la joie de vivre.

Les personnes plongées dans une grande souffrance ont parfois tendance à négliger les forces qu'elles possèdent. C'est comme si elles étaient au milieu d'un incendie, dans une pièce remplie de fumée, paniquées et incapables de trouver la sortie. Dans ce cas, vous pouvez leur rappeler les fois où elles ont triomphé de l'adversité dans le passé et les encourager à croire en elles. Parlez-leur des forces que vous avez toujours admirées chez elles et inspirez-les en leur racontant l'histoire d'un autre de vos amis qui a réussi à surmonter un défi similaire. Il est important d'offrir également des paroles d'encouragement, telles que : «Je ne sais pas comment les choses vont se passer, mais je suis sûr que tu t'en sortiras. Même si j'ai bien conscience que c'est probablement difficile de le croire en ce moment, je sens que tout finira bien pour toi. Un jour tu seras capable de te rappeler ces moments, de voir combien tu as fait preuve de courage et de reconnaître les bienfaits que tu as retirés de cette expérience. » Le simple fait d'entendre que le bonheur peut revenir peut lui redonner un peu d'espoir et de confiance, qui sont des dons d'une valeur inestimable.

Quand les gens qui me sont chers sont dans la souffrance, je les encourage à imaginer les bienfaits qui pourraient découler de leur situation. L'occasion de s'éveiller à ce qui est vraiment important, de déboucher sur une nouvelle perspective qui leur servira dans le futur, et de finalement transformer la situation qui a longtemps représenté un problème peuvent être des bénédictions cachées inhérentes aux défis de la vie. J'essaie ensuite de les aider à créer un sentiment qu'ils aimeraient ressentir et qu'ils pourraient associer à leur avenir. Je leur

suggère d'envisager le moment où ils auront retrouvé une parfaite santé ou un sentiment de sécurité. Je sais que s'ils commencent à accepter ces émotions positives, ils pourront attirer les situations qui leur correspondent.

Vous ne pouvez pas toujours aider verbalement les gens à sortir de leur chagrin, mais vous pouvez planter une graine de positivité qui pourra germer plus tard. Quand le sentiment négatif commencera à s'amoindrir, ils pourront se rappeler ce que vous avez dit et être capables de l'admettre. Par contre, si vous leur énumérez toutes les raisons qui justifient leur sentiment de tristesse, de colère ou de trahison, c'est comme verser de l'huile sur le feu. Encouragez-les simplement à accepter leurs sentiments actuels et à les transformer en quelque chose de plus positif. C'est comme pulvériser de l'eau sur les flammes pour les éteindre doucement.

Il se peut que vous hésitiez à aborder quelqu'un que vous ne connaissez pas très bien, parce que vous n'êtes pas à l'aise face à la souffrance émotionnelle. Croyez-moi, le simple fait de vous présenter ou de vous rappeler à quelqu'un et d'exprimer votre sympathie peut faire des miracles pour aider la personne à se sentir mieux. Cela vaut la peine de mettre de côté votre insécurité et de vous exprimer à cœur ouvert.

2. Partager notre vulnérabilité

Il est facile de se sentir isolé quand la vie devient un défi et que personne ne semble comprendre ce que vous traversez, ni faire preuve d'empathie. Pourtant, comme mon amie l'a appris lors de son entrevue avec l'assistante sociale, une simple voix qui dit «Je suis aussi passé par là» peut encourager la personne et lui donner l'impression qu'elle est soutenue.

Se concentrer sur le positif et avoir foi dans l'Univers est important. Cependant, même les gens qui font tout en leur pouvoir pour rester optimistes et joyeux peuvent parfois avoir peur et manquer d'assurance. Savoir que d'autres compatissent peut tempérer ces sentiments négatifs. Malheureusement, nous sommes nombreux à reculer quand l'occasion s'offre à nous d'aller au-devant des gens qui ont des problèmes et de leur dire que nous comprenons parfaitement leur situation, craignant sans doute qu'ils n'apprécient pas une trop grande familiarité.

Par exemple, je me souviens, alors que j'avais une vingtaine d'années, m'être promenée dans un parc près de chez moi. J'ai vu une femme assise sous un arbre qui sanglotait doucement. Pleine d'empathie, je me suis demandé ce que je pouvais faire pour l'aider : *Devais-je m'approcher d'elle et lui demander ce qui ne va pas ? Peut-être avait-elle juste envie de pleurer et voulait-elle le faire au sein de cette belle nature ? Elle préfère probablement être seule et ma tentative de la réconforter ne ferait qu'envenimer les choses.* Je me sentais indécise, et j'ai fini par lui envoyer silencieusement des souhaits bienveillants et de l'amour tout en continuant mon chemin, mais je ne suis pas certaine que c'était le bon choix.

Nous ne pourrons jamais savoir ce qu'attendent les gens de nous si nous ne demandons pas. Nous avons le droit d'hésiter parce que nous ne sommes pas certains qu'en exposant notre vulnérabilité, nous aiderons vraiment quelqu'un... mais le risque d'aborder

nos semblables vaut toujours la peine d'être pris. S'ils ressentent ce geste comme une intrusion, nous devons dans ce cas reconnaître que c'est parce qu'ils ont peur, et leur exprimer de la gentillesse au lieu de nous sentir blessés et frustrés. Si nous sommes en phase avec notre compassion, nous découvrirons que nous avons la force de supporter leur rejet ; quand bien même une personne n'accepterait pas de bonne grâce notre geste d'entraide, nous devrions être capables de la bénir silencieusement dans son cheminement et continuer le nôtre.

Par exemple, je me souviens de la première fois où je me suis rendue à un salon du livre et où j'ai pu surmonter mon sentiment de vulnérabilité à mon avantage. Je n'avais aucun plan défini et ne faisais que suivre le conseil de l'auteur à succès, Mark Victor Hansen, qui m'avait suggéré d'aller à la rencontre d'autres écrivains et d'apprendre tout ce que je pouvais pour lancer sur le marché le livre que j'avais écrit et publié à mon compte. Au lieu de me sentir nerveuse et de paraître naïve, j'ai simplement gardé au fond de mon cœur la conviction que c'était un lieu empli d'hommes et de femmes qui m'offriraient un soutien et des conseils afin de faire connaître mon livre au plus grand nombre de gens possible. Je ne cessais de me répéter que j'obtiendrais de précieux conseils, tant était évidente ma motivation de transmettre un message positif qui pourrait aider les autres... et le salon a complètement dépassé mes attentes ! Chaque personne que j'ai rencontrée s'est montrée affable, gentille, prête à m'aider et à m'instruire sur différents sujets. J'ai été véritablement surprise par la profondeur des conseils qu'on m'a prodigués. Ayant abordé la situation le cœur ouvert et avec l'intention de me connecter aux gens qui pourraient m'aider à poursuivre mon rêve, j'ai trouvé ce que je cherchais. Je me suis même heurtée (littéralement) à quelqu'un qui a fini par me présenter à des personnes qui m'ont été d'une grande aide!

D'autre part, j'ai également rencontré des individus qui pensent que les autres ont toujours des plans préconçus. Ils ne croient pas qu'ils peuvent recevoir le soutien qu'ils recherchent — sans doute parce que c'est justement la façon dont *ils* opèrent. Je ressens toutefois de la compassion pour les personnes ayant ce genre de mentalité, parce qu'elles ne profitent pas de la joie de donner et de recevoir librement.

3. Proposer une aide pratique

Quand les autres souffrent, il est tout à fait normal de vouloir leur venir en aide... mais il est parfois très difficile de savoir comment. Peut-être vous sentez-vous inapte en pensant que vous n'avez rien à leur offrir? Pourtant, si vous pouviez créer des sentiments positifs au plus profond de vous, vous seriez alors en contact avec votre créativité et découvririez des moyens de servir.

Quand les gens traversent des crises, l'intensité de leurs émotions négatives s'accroît et entraîne une diminution de leur imagination. Cela me fait penser à une amie qui avait subi un tel choc en perdant son mari qu'elle s'est laissée submerger par des problèmes qui pourtant semblaient simples au départ. Même si per-

sonne ne pouvait atténuer la douleur de son deuil, ses amis les plus proches ont fait ce qui était en leur pouvoir pour l'aider à trouver une solution aux problèmes financiers consécutifs à ce décès inattendu et la soutenir par tous les moyens pratiques à leur disposition.

Plusieurs personnes lui ont proposé de s'occuper de ses jeunes enfants quand elle avait besoin de se retrouver seule. D'autres lui ont apporté des plats pour remplir son congélateur durant cette période où la dernière chose à laquelle elle voulait penser était de cuisiner ou de manger sainement. Plusieurs mois plus tard, elle m'a raconté que l'un des services les plus précieux qu'elle avait reçus venait d'un voisin qui, chaque fois qu'il neigeait, avait déblayé sa cour avec sa souffleuse à neige... une corvée qu'elle avait toujours laissée à la charge de son mari. Déblayer la neige peut sembler un petit service, mais l'attention que lui avait manifestée son voisin la touchait profondément : il avait tout simplement vu un besoin et l'avait comblé. Avoir une corvée de moins à assumer l'avait aidée à alléger son fardeau.

Parfois, une simple information peut aider une autre personne. Mon amie Arielle Ford m'a parlé un jour d'un principe qu'elle avait lu dans un livre intitulé *Le grand bond* de Gay Hendricks. Ce concept est appelé « le problème de la limite supérieure », et suggère que nous avons tous un problème que nous n'arrivons tout simplement pas à résoudre pour diverses raisons. Par exemple, il se peut que nous soyons sur la défensive et que nous ne voulions pas développer un nouveau talent ou prendre un risque, que nous nous sentions indignes, ou tout simplement que nous n'ayons pas pris conscience qu'il

existait une limite supérieure. Quel qu'il soit, ce problème nous bloque et nous empêche d'aller de l'avant.

Quand Arielle, qui me connaissait bien, m'a parlé de ce concept et m'a suggéré de l'étudier, j'ai immédiatement reconnu ma propre limite supérieure : la peur du succès. J'avais peur en y accédant d'être submergée de travail qui me prendrait tout mon temps et de ne pas pouvoir l'équilibrer avec toutes les autres activités de ma vie. C'était une pensée intéressante pour moi et ses paroles m'avaient fait prendre conscience de la réalité de cette limite que je m'étais fabriquée. J'ai aussitôt voulu l'examiner pour pouvoir enfin la surmonter.

Il est important d'essayer de comprendre les problèmes que les autres cherchent à éviter et de leur montrer ce qu'ils refusent de voir, ce qui peut être très désagréable pour la personne impliquée. Si vous avez une stratégie à proposer, mais craignez que la personne se mette sur la défensive en pensant que vous lui dictez ce qu'elle doit faire, vous pouvez donner votre avis ou votre impression avec douceur. Vous pourriez par exemple lui suggérer : « Je ne sais pas si tu as déjà essayé ce procédé, mais il a été très bénéfique pour moi », ou « Je ne sais pas si cela marchera pour toi, mais j'ai entendu dire que d'autres ont pu régler un problème similaire en… » et proposer votre stratégie. Vous pouvez dire également : « Je ne sais pas si tu en es conscient, mais j'ai remarqué que tu fais quelque chose qui pourrait être néfaste pour toi. » Si vous voulez sincèrement aider les autres à trouver leur propre méthode afin d'améliorer la situation, il est plus facile de trouver des mots qui exprimeront votre soutien et de soumettre des informations utiles, sans leur

donner l'impression que vous cherchez à leur dicter ce qu'ils doivent faire. La bonne information, offerte d'une manière bienveillante, peut faire une énorme différence dans la vie d'une personne.

Quand donner vous rend mal à l'aise

La peur de trop donner et que les autres profitent de vous prend sans doute sa source dans des expériences antérieures. Pour ouvrir votre cœur à nouveau et retrouver un esprit généreux, vous devez vous autoriser à être vulnérable et croire que, qu'importe ce qui arrivera et la façon dont les autres vous traiteront, tout ira bien. Il y a certainement des gens qui profiteront de vous dans ce monde. Cependant, si vous vous sentez bien avec vous-même et que vous donnez dans la joie, l'abondance et l'enthousiasme, vous ne devriez pas attirer ce genre de personnes. Mais si elles se présentent dans votre vie, ce sera pour attirer votre attention et vous enseigner l'amour de soi, en prenant conscience qu'il y a des moments où l'on abuse de votre bonté, et avoir suffisamment de respect envers vous-même pour dire : « maintenant, ça suffit ».

Quand vous réalisez que quelqu'un exige trop de vous sans jamais rendre la pareille — mais que vous repoussez ce sentiment désagréable parce que vous ne voulez pas paraître stupide, blessé ou en colère — vous ratez l'occasion d'apprendre une leçon. Gardez à l'esprit que toutes les émotions sont temporaires et que celles qui paraissent difficiles sont là pour vous permettre de faire des découvertes et de grandir. Écoutez ces pensées douloureuses et reconnaissez quand une personne ne vous traite pas respectueusement. Ne vous contentez pas de ressentir de la colère et de penser : *comment ose-t-il !* Reprenez votre calme et affirmez : *OK, je peux voir que j'ai une leçon à apprendre.* Plus vous serez serein, plus vous aurez de facilité à entrevoir vos options, à admettre la leçon, et à vous munir de courage pour faire face à la situation dans le respect d'autrui.

L'une de mes amies, Karen, essayait d'aider sa vieille mère qui pouvait quelquefois se montrer très coléreuse et exigeante. Elle me disait : « Elle peut parfois être gentille et pleine d'amour, mais j'ai du mal à me relaxer et à profiter de sa bonne humeur. J'ai tellement peur qu'elle change d'attitude si je montre ma vulnérabilité et qu'elle me dise quelque chose de blessant ! Je ne peux tout simplement pas lui faire confiance et j'en suis très attristée. »

Le secret pour faire confiance et rester ouvert et généreux est de comprendre que *vous* êtes le seul à décider de vos émotions. Personne ne peut vous obliger à vous sentir triste. Vous pouvez parfois réagir automatiquement au comportement d'une personne par la tristesse ou la colère, mais vous ne devez pas entretenir ou alimenter le feu de cette émotion. Expérimentez-la quelques minutes, reconnaissez la leçon que vous pouvez en tirer, puis laissez-la simplement disparaître. Elle s'apaisera comme toute autre émotion, quelle que soit son intensité.

Karen a compris que l'attitude de sa mère n'avait rien à voir avec elle ; cette dame âgée avait tout simplement peur de perdre le contrôle de sa vie. Mon amie a appris

que, chaque fois qu'elle réagissait avec émotion au comportement de sa mère, elle devait s'arrêter un moment pour se rappeler ce qui provoquait cette réaction. Au lieu de générer des pensées qui attisaient les émotions négatives, elle y coupait court en se disant simplement : *maman a peur en cet instant, c'est pourquoi ses paroles sont blessantes*, ce qui créait un sentiment de compassion pour les deux. Cela l'aidait aussi à identifier ce que pouvait ressentir sa mère et à le dire tout haut : « Je sais que tu ne veux pas retourner chez le médecin, mais il le faut ; de plus, ce sera l'occasion de bavarder ensemble durant le trajet. Tu verras, les feuilles des arbres sont si belles à cette époque de l'année ! »

Choisir de se montrer bienveillante a allégé la frustration de Karen et ceci s'est également reflété chez sa mère. Adopter des émotions et des paroles en mesure de calmer sa mère a permis à Karen de découvrir de nouvelles façons créatives d'améliorer la situation. Le pouvoir des émotions positives lui a donné la force de continuer à être une fille généreuse sans s'épuiser pour autant.

Que se passe-t-il quand vous donnez à partir d'une énergie négative ?

Il est parfois possible de trop donner et de vous épuiser. C'est généralement parce que le service que vous proposez aux autres est enraciné dans une énergie, une pensée ou une émotion négative. Si, par exemple, vous sentez qu'une personne ne vous aime pas ou que vous souffrirez terriblement tant que vous ne vous serez pas sacrifié jusqu'à l'épuisement, ce sont là des sentiments que vous

devez transformer. Si vous agissez à partir de la générosité et de l'amour pour *vous-même* ainsi que pour ceux qui vous entourent, vous ne créerez pas ce genre d'émotions aussi souvent. Ce faisant, vous éloignerez tout sentiment de culpabilité et pourrez considérer pourquoi vous vous accrochez à quelqu'un qui vous fait souffrir.

Si vous êtes en colère et plein de ressentiments, vous ne pouvez donner aux autres avec amour. Quand vous sentez poindre ces sentiments destructeurs, explorez-les et demandez-vous pourquoi vous avez eu cette réaction. Peut-être allez-vous découvrir une pensée improductive que vous aimeriez rejeter. Si vous connaissez la réponse, examinez-la un petit instant et dites-vous : *pas de problème, ce sentiment disparaîtra* et *je ne veux pas penser ainsi, je préfère ressentir quelque chose de positif.* Puis, alors que l'émotion se dissipe, choisissez un sentiment positif par lequel vous aimeriez la remplacer, et créez-le en vous-même. Vous pouvez vous concentrer sur une pensée inspirante ou générer une image dans votre esprit qui vous aidera à rester présent d'une manière aimante, confiante et joyeuse. Concentrez-vous sur votre respiration, ralentissez-la et respirez profondément, ce qui vous permettra de changer votre émotion négative en une plus optimiste. Vous aurez alors la force d'agir d'une façon qui sera bénéfique pour tous ceux qui sont impliqués. Si vous vous aimez et vous acceptez, vous trouverez *toujours* des moyens de servir.

Lorsque sa mère se mettait en colère, Karen avait parfois besoin de sortir de la pièce et d'être seule afin de pouvoir transformer cette émotion destructrice. En conséquence, sa mère s'agitait encore plus, mais Karen

savait ce qu'elle devait faire pour pouvoir revenir à une attitude de compassion. Quand elle se sentait prête, elle décidait de revenir et de faire face à sa mère. Mon amie avait compris qu'elle ne pouvait rien donner tant qu'elle n'avait pas refait le plein de sa réserve de positivité. C'est exactement comme dans un avion, où l'on vous dit qu'en cas d'urgence, si vous voyagez avec un jeune enfant, vous devez d'abord mettre votre propre masque à oxygène avant celui de votre enfant. Vous ne pourrez jamais rien offrir à partir d'un sentiment d'épuisement, de fatigue ou de frustration.

Même en affaires, où vous êtes censé recevoir une compensation pour le travail que vous fournissez, donnez toujours aux autres de façon inconditionnelle. Je ne peux pas offrir un livre ou un séminaire gratuit à toutes les personnes dont l'histoire m'a touchée, mais j'ai parfois proposé mes produits et offert mon temps et mes conseils sans rien attendre en retour. Je suis très claire avec moi-même chaque fois que j'ai envie d'offrir gracieusement mes produits parce que j'ai une bonne image de moi et que je sais que j'offre quelque chose de valeur.

C'est quand on se dévalorise que l'on a tendance à trop donner dans l'espoir d'avoir une meilleure estime de soi. Si l'on ne croit pas qu'on a quelque chose de valable à offrir, on aura sans doute du mal à toucher les gens et on se privera de la joie de donner et de recevoir. Offrir ce que vous pouvez ne doit pas devenir un sacrifice douloureux et vous n'avez pas à faire le vœu de pauvreté pour être une bonne personne. Si vous êtes assez honnête avec vous-même pour reconnaître ce qui vous est nécessaire, et si vous vous aimez de façon inconditionnelle,

vous ne rechercherez pas désespérément l'approbation ou ne craindrez pas de ne rien recevoir en retour. Vous trouverez le bon équilibre entre donner et recevoir et expérimenterez le plaisir de faire une différence en servant les autres avec un cœur ouvert.

Servir les autres, est-ce là le secret de la vie ? J'adore pouvoir offrir des choses de valeur, donner sans peur et croire en l'abondance de l'Univers. Mais j'ai découvert qu'il existe une façon de créer en moi l'abondance, la joie et la foi qui me poussent en avant, même dans les moments où je me sens dépressive et que donner m'est difficile : c'est le sentiment de gratitude. En fait, la gratitude fait naître en moi des émotions positives si puissantes que j'en suis venue à me demander : *la gratitude est-elle LA formule ?*

MERCI !

« La vraie prière n'en est jamais une de supplication, mais une de gratitude. »

— Neale Donald Walsch

Je ressens une véritable joie chaque fois que je peux faire une différence dans la vie des gens. Il m'a fallu néanmoins traverser une dure période au cours de laquelle je réalisais combien il était difficile de continuer à donner avec enthousiasme sans recevoir d'encouragement, de reconnaissance ou de remerciements en retour.

Il y a plusieurs années, je travaillais pour une entreprise en laquelle j'avais toute confiance. Cette dernière vendait des produits de qualité et j'étais prête à faire des kilomètres supplémentaires afin de servir adéquatement ma clientèle, si bien que j'atteignais toujours mes objectifs de vente. Malgré cela, mon travail commençait à me peser de plus en plus, principalement à cause de mon patron. Tout en étant aimable, il n'était pas du genre démonstratif. Quand j'avais réussi une vente exceptionnelle, il se contentait à peine de sourire et de murmurer : « Hum, très bien Peggy » et passait directement à ce qu'il attendait de moi pour la prochaine vente.

J'étais très motivée, mais quelles que soient mes performances, il paraissait aussi enthousiaste qu'une chiffe molle devant mes résultats. Les mois s'écoulant, obtenant si peu de rétroaction positive, j'ai commencé à perdre mon ardeur. J'ai nourri l'idée de trouver un autre travail, mais à cette époque je me sentais si lasse que l'enthousiasme me manquait. J'ai remis à jour mon curriculum vitae et passé quelques coups de fil, mais apparemment, rien n'aboutissait.

Puis un jour, je suis tombée sur une citation de l'un de mes auteurs favoris, Melodie Beattie, qui disait : « La gratitude ouvre à l'abondance de la vie. Ce que nous avons devient suffisant, voire plus. La gratitude change le refus en acceptation, le chaos en ordre, la confusion en clarté. Elle peut transformer un repas en fête, une maison en chez-soi, un étranger en ami. »

J'ai pensé instantanément : *C'est ça ! C'est ce que j'ai toujours cherché !* Je croyais que j'avais trouvé la formule qui me donnerait l'impression de me sentir gagnante — le secret de la réussite et de la satisfaction — et j'ai décidé de mener une vie remplie de gratitude. Pour ce faire, je devais noter consciemment les nombreux bienfaits que je recevais et me sentir reconnaissante en pensant à chacun d'eux. Même s'il m'a fallu des années avant que ne me traverse l'idée d'entamer un journal de gratitude (que je tiens maintenant depuis plus d'une décennie), j'ai commencé à prendre l'habitude de consacrer quoti-diennement du temps pour penser à tout ce dont j'étais reconnaissante et de sentir le pouvoir de la gratitude imprégner mon corps.

À la gratitude se sont ajoutés des sentiments d'espoir et de confiance, en même temps qu'une curiosité quant à la direction que prendrait ma vie et les bénédictions qui se présenteraient sur ma route. Tout mon corps se sentait vivant et je savais que quelque chose de fantastique allait m'arriver. Tout ce que je devais faire était de comprendre ce que je voulais, et très vite, je saurais tout simplement quelle action entreprendre.

Ce fut une puissante transformation, d'autant plus que je me sentais très lasse à cette époque. Cette métamorphose soudaine et prodigieuse en un sentiment de bonheur n'était même pas le résultat d'éloges extérieurs — c'était moi qui *choisissais* de ressentir des émotions positives.

De la gratitude pour ce que vous avez aujourd'hui

En décidant d'arrêter de vous rebeller contre vos circonstances actuelles, vous vous apercevrez que vous lâchez prise sur la colère, la frustration, le ressentiment, la tristesse et l'inquiétude, et cela vous incitera à créer des émotions positives. Vous serez capable de garder une vue d'ensemble de ce qui se passe au lieu de vous concentrer sur les éléments que vous n'aimez pas. Vous vous ouvrirez ainsi au sentiment de gratitude pour tout ce que vous avez de bon dans votre vie actuelle et apprécierez tout ce qui est positif.

Imaginez quelques instants que la gratitude soit le carburant d'une voiture qui peut vous mener là où vous aimeriez aller. Vous pouvez accéder à ce puissant véhicule — dont le réservoir est plein — en prenant du recul afin de découvrir son potentiel. Cependant, si vous ne faites que remarquer les imperfections de la voiture en disant par exemple : «Il n'y a pas assez de place pour les jambes... je n'aime pas la couleur... ce n'est pas la voiture que j'attendais», vous ne remarquerez pas son réservoir plein, ses bons pneus ou la clé que vous tenez dans votre main, prête à la faire démarrer.

Au fur et à mesure que vous abandonnez les sentiments négatifs liés à votre situation, vous commencez à voir toutes les choses pour lesquelles vous pourriez vous sentir reconnaissant. Si vous êtes en bonne santé, vous vient-il à l'idée de dire chaque jour : «Merci pour mon excellente santé! J'ai tellement de chance!» Si vous le faisiez, vous ne prêteriez probablement pas attention à tous vos petits maux et malaises.

Se concentrer sur le négatif et sur un sentiment de manque n'est pas la conséquence d'un refus de penser positivement. Souvent, quand nous nous plaignons d'une chose ou d'une autre, nous agissons simplement sous l'effet de l'habitude. Nous sommes bombardés à longueur de journée de publicités qui nous rappellent tout ce que nous n'avons pas. Nous n'achèterions pas tant de produits ou de services si nous ne ressentions pas un sentiment de manque ou de dévalorisation — les publicistes savent jouer avec ces émotions. Un effort conscient est nécessaire afin de transformer cette tendance épuisante à regarder le négatif plutôt que le positif, et générer un sentiment d'appréciation pour tout ce que vous avez.

L'énergie de la gratitude

La gratitude porte en elle une puissante énergie. Lorsque vous êtes reconnaissant, vous pouvez ressentir du plaisir, même quand vous travaillez dur ou ne voyez pas de résultats immédiats. Si ce que vous devez faire devient une corvée, c'est peut-être parce que vous ne ressentez pas cette merveilleuse sensation d'appréciation. Sans elle, votre réservoir est vide. Vous n'avez pas de carburant pour vous faire avancer.

Pour générer un sentiment de gratitude, vous devez faire une pause et penser à tous les bienfaits que vous avez reçus dans votre vie. La liste des choses pour lesquelles vous pourriez être reconnaissant est infinie : santé, amis, amoureux, membres de la famille, voisins, argent et biens matériels, intelligence, talents, etc. Arrêtez-vous au cours de la journée, notez toutes les bénédictions que vous avez reçues et proclamez : «J'ai tant de chance!» Soyez reconnaissant pour chaque petite chose. Essayez de faire le tour de votre maison ou de marcher dans la rue pendant une journée et de revenir avec une multitude de choses que vous appréciez : *Merci pour ce beau temps. Merci pour ces chaussures qui sont très confortables. Merci pour ma machine à laver, pour toute la nourriture qui est dans mon réfrigérateur, pour la chaleur des rayons du soleil filtrant par ma fenêtre*. Dites tout haut : «Je suis si reconnaissant d'être en bonne santé et de pouvoir me préparer un bon petit déjeuner le matin. Je suis reconnaissant d'avoir une voiture sur laquelle je peux compter pour me rendre au travail.» Si le trajet que vous avez à parcourir chaque jour est court, soyez reconnaissant ; s'il est long, soyez reconnaissant — après tout, cela vous donne l'occasion d'écouter de la musique, la radio ou de réciter des affirmations.

En relevant les aspects positifs de chaque circonstance de votre vie, ne vous contentez pas de dire « j'ai de la chance », ressentez-la ! Tenez un journal de gratitude auquel vous réserverez un peu de temps chaque jour pour enregistrer toutes les petites choses qui contribuent à votre bonheur et au fait que vous avez de la chance. Et remarquez combien vous vous sentez stimulé une fois que vous avez établi l'habitude d'être — et de vous sentir — plein de gratitude.

Plus vous vous sentirez reconnaissant, plus cette sensation grandira, semblable à l'arrivée soudaine d'une onde électrique traversant votre maison pour allumer tous les lumières et appareils ménagers — condition indispensable pour « allumer » les sentiments positifs et la créativité. Chaque émotion positive, de la confiance au bonheur, affluera en réponse à votre gratitude croissante.

Il peut être intéressant d'imaginer que vos émotions sont connectées et contrôlées par le même bouton électrique. Quand vous tournez l'interrupteur électrique d'une émotion positive, vous allumez automatiquement toutes les autres, et éjectez la négativité. Cette quantité d'énergie et de lumière entraînera deux changements : 1) Vous vous sentirez vivifié, impatient d'agir ; la résistance et l'inertie disparaîtront. 2) Vous entrerez en contact avec votre créativité : la « lumière » des idées. Voici une explication plus détaillée de ces deux points :

1. La gratitude triomphe de tous les obstacles

Si vous ne ressentez aucune gratitude, vous devez fournir d'énormes efforts pour avancer dans la vie, et les obstacles semblent insurmontables et infinis. Le fait de percevoir tant d'obstacles et de vous concentrer dessus finira par vous épuiser et vous faire abdiquer.

Chaque fois que vous rencontrez une forme de résistance, la gratitude a le pouvoir de la dissoudre rapidement, que l'obstacle vienne de l'intérieur (comme la peur ou la croyance que vous ne pouvez accomplir votre objectif) ou de l'extérieur (le manque d'argent par exemple). La vie est bien plus facile quand vous êtes reconnaissant : vous vous sentez plus puissant, plus vivant, plus enthousiaste, et vous percevez vraiment les choses différemment. Vous voyez vos ressources plutôt que vos problèmes, et quand vous regardez de nouveau ce qui vous empêche d'avancer, ces problèmes ne semblent plus aussi insurmontables.

2. La gratitude ouvre les portes de la créativité

Lorsque vous vous connectez à votre inspiration et faites preuve de souplesse en vous adaptant aux changements de manière positive, vous ressentez la force débordante de votre appréciation. Cela vous donne de l'optimisme et vous permet d'entrevoir des possibilités ; des sentiments enrichissants naissent en vous et ouvrent les portes de la créativité. Si vous croyez que les réponses et les ressources peuvent surgir dans votre vie, elles le feront : l'Univers travaille à refléter vos croyances. Il vous donne raison chaque fois.

Finalement, tous les barrages routiers qui nous barrent le chemin sont ceux que nous avons nous-mêmes fabriqués. C'est la créativité qui nous permet de faire naître toutes les possibilités que nous n'avons pas encore imaginées. L'Univers ne cherche pas à rendre notre vie difficile; il ne fait que refléter ce que nous avons créé. Quand nous changeons ce qui est à l'intérieur, ce qui est à l'extérieur change en réaction.

Si vous concentrez votre esprit sur ce qui est positif dans votre vie — l'ensemble des outils, gens, renseignements, argent, soutiens émotionnels et ressources à votre disposition — vous serez en mesure d'accepter que rien n'est immuable, et vous vous rappellerez que vous pouvez toujours choisir vos émotions. Ainsi, si vous voulez transformer vos circonstances, vous avez le pouvoir de le faire. Commencez par l'intérieur : mettez la clé dans le contact et laissez le carburant de la gratitude vous propulser sur la route vers quelque chose de mieux. Vous vous sentirez presque instantanément renforcé, enthousiaste, optimiste et curieux de ce qui vous attend. Étant donné que vous avancez avec enthousiasme, vous commencez à voir apparaître des opportunités, des routes qui vous conduiront vers votre but sans que vous ayez à fournir de gros efforts pour que les choses se déroulent bien ou pour décider de l'action à entreprendre. De grandes autoroutes s'ouvriront soudain devant vous afin que vous puissiez sortir des voies transversales, sinueuses et pleines d'ornières, accélérer, établir votre vitesse de croisière et savoir que vous êtes sur la bonne voie.

Nombreuses sont les personnes qui pensent ne pas être assez créatives, mais nous ne parlons pas de devenir un compositeur de chansons ou un peintre. Il s'agit ici d'être en contact avec sa capacité d'aborder la vie avec émerveillement, curiosité et enthousiasme. La créativité vous rend flexible — vous apprenez à croire qu'il puisse y avoir une percée innovatrice ou une opportunité extraordinaire qui vous attend au coin de la rue.

Cette habileté vous donne aussi le courage de prendre des risques parce que vous savez que si quelque chose ne fonctionne pas, d'autres occasions se présenteront : vous vous apercevrez que vous pouvez changer de vitesse et essayer quelque chose de nouveau. Amorcer la pompe de votre créativité vous permettra de mieux gérer les changements inattendus ou les cahots sur la route. Vous aurez la certitude qu'il existe une manière de comprendre les difficultés antérieures de votre vie et de créer une meilleure situation.

Quand vous vous autoriserez à entrer en contact avec votre créativité, vous découvrirez que vous pouvez y accéder rapidement. (Je sais que je n'ai pas besoin de m'isoler trois semaines dans la forêt pour entrer dans un mode créatif : je peux avoir une grande idée en un quart d'heure, quand je conduis mon fils Michel à l'école ou quand je suis sous la douche). Même si vous n'avez aucun talent artistique, le dessin, la peinture, la danse ou la poésie sont tous de formidables moyens d'entrer en contact avec votre vision de l'originalité. Ou essayez simplement la méditation ; les gens qui s'y adonnent régulièrement disent qu'elle leur permet d'être plus créatifs.

N'oubliez pas, les émotions positives se renforcent mutuellement. Aussi, si vous ressentez de l'émerveillement et de l'enthousiasme, vous éprouverez également de la gratitude. Au lieu de ressentir de l'amertume face aux difficultés et aux changements, vous saurez apprécier les opportunités qu'ils présentent.

Être en paix avec ce qui est

Cessez de penser à ce qui a été ou ce qui pourrait être, concentrez-vous plutôt sur tout ce qui est bon dans votre vie et qui génère un sentiment de gratitude. C'est ainsi que vous trouverez la paix.

Récemment, j'ai dû consacrer beaucoup de temps à ma mère qui était très malade ; je voulais la soutenir de mon mieux et communiquer avec ses médecins et ses infirmières, ainsi qu'avec les autres membres de ma famille, pour m'assurer que tous ses besoins étaient comblés. Il m'arrivait parfois de ressentir un peu d'inquiétude d'être obligée de prendre tant de temps sur mon travail. (Je n'ai pas l'habitude de m'éloigner de mon ordinateur et de mon téléphone trop longtemps... mon mari, Denis, aime me taquiner en disant que ma conception des vacances consiste à n'effectuer *que* quatre heures de travail par jour.) Cependant, durant cette période particulière au cours de laquelle les membres de ma famille et moi nous relayions à son chevet, j'ai appris à accepter le rythme de ma vie.

J'ai réalisé que, malgré tout, les affaires continuaient et que cette année était particulièrement propice. J'ai même dû refuser du travail. Pourquoi ne pas croire en toute confiance que d'autres opportunités allaient se présenter? M'inquiéter me rendait improductive et m'épuisait; ainsi chaque fois que je sentais monter l'angoisse, je transformais cette émotion en un sentiment de gratitude. Je devais me rappeler d'être reconnaissante envers toutes les opportunités et les clients que j'avais, et remercier d'avoir la flexibilité et la sécurité financière qui me permettaient de passer ce temps avec ma mère.

Ce sentiment de gratitude m'a aidée à rester pleinement présente avec ma clientèle durant les heures de travail. En outre, je prenais régulièrement le temps de bénir le fait que je pouvais continuer de servir les autres et de les aider à réaliser leurs rêves. La gratitude m'a donné la force de faire tout ce qui m'incombait, malgré les nombreuses demandes qui pesaient sur moi. Les choses se faisaient d'une manière ou d'une autre, sans que j'aie besoin de faire des efforts pour les réaliser. Je m'étais branchée sur le pouvoir des émotions positives et j'étais convaincue qu'à tout moment je faisais le bon choix pour tous. J'étais devant mon ordinateur quand un travail devait être fait, et aux côtés de ma mère quand je devais être là pour elle. Malgré ma tristesse, j'étais pénétrée par un sentiment d'acceptation et de grâce. Dans mon cœur, je savais que tout était exactement comme ce devait être.

Lâcher prise sur les efforts

Il est bien d'avoir des passions et des objectifs, d'être productif et de réussir, mais si vous laissez le succès déterminer ce que vous êtes, cela peut conduire à un sentiment de dévalorisation quand vous vous heurtez à un obstacle ou n'arrivez pas à atteindre tout ce que vous aviez l'intention de faire. Il est possible d'être en paix avec ce qui est sans toujours chercher à s'améliorer. La gratitude vous donne la capacité de suivre le courant et d'accepter que la vie comporte des défis qui vous donnent parfois l'impression de vous enliser. Elle vous permet de vous ouvrir à de nouvelles idées, en ayant la certitude qu'elles se présenteront en temps voulu.

La majorité d'entre nous ne peut supporter de rester trop longtemps dans un état de stagnation, en attendant que les circonstances changent. Par contre, il est facile de nous enliser dans nos attentes de ce que la vie *devrait* être. Nous faisons des pieds et des mains pour résoudre des problèmes, nous nous évaluons en fonction de nos réussites et de ce que nous avons accompli en un temps donné. Je me souviens de ce qu'avait dit l'une de mes amies il y a quelques années : «Je veux avoir un salaire qui commence par un trois quand j'aurai atteint mes 30 ans». C'était un but intéressant, mais ayant été incapable de l'atteindre, elle a été très déçue. Même si elle avait un emploi qui lui offrait de nombreuses opportunités, ne pas avoir atteint cet objectif particulier l'a rendue aveugle à tout ce qu'elle aurait pu apprécier dans sa vie.

Notez bien qu'il y a une différence entre acceptation et passivité. L'acceptation est le choix d'être en paix avec ce qui se passe au moment présent, même si vous travaillez à générer des sentiments positifs qui vous conduiront à quelque chose de plus grand pour l'avenir. L'acceptation est toujours accompagnée par la force des émotions positives. La passivité, au contraire, est caractérisée par le fait de ne ressentir aucune émotion forte. En d'autres termes, vous êtes passif quand vous passez vos journées de façon automatique, en faisant juste ce qui doit être fait au travail, mais pas plus, en mangeant un dîner que vous n'appréciez pas, en allumant la télévision pour passer le temps avant d'aller au lit. Je ne dis pas que vous devriez vous habiller et aller danser chaque soir, mais si vous ne ressentez aucune émotion forte et positive, vous ne serez ni créatif ni inspiré. Vous n'éprouverez pas le besoin de faire quelque chose de différent, que ce soit cuisiner un nouveau plat, avoir une conversation intéressante au dîner, ou passer la soirée en vous exerçant à une activité que vous avez toujours voulu faire sans en trouver le temps.

La passivité implique la distraction, la léthargie et la fuite. Si vous êtes passif, vous verrez votre humeur glisser progressivement vers la mélancolie puis vers la tristesse... voire la dépression. La clé pour éviter cela est de créer un sentiment de gratitude, tant pour les simples plaisirs que pour l'abondance de votre vie.

Afin d'augmenter mes sentiments de gratitude, je travaille chaque jour, depuis de nombreuses années, sur des affirmations et sur ce que j'appelle un «puissant scénario de vie» : un enregistrement de 20 minutes que j'ai moi-même composé en énumérant tout ce que j'apprécie dans ma vie (que j'aie ou non tout ce à quoi j'aspire au moment présent), et en affirmant tout ce vers quoi va ma reconnaissance. Non pas que je sois poussée par la peur que quelque chose de négatif survienne si je ne le fais pas, ou par l'idée que je doive le faire si je veux atteindre mes buts — c'est tout simplement devenu une habitude. Ce processus consistant à créer la vie que je désire en la visualisant telle que j'aimerais qu'elle soit, en me concentrant sur les émotions que je ressentirai quand j'aurai atteint mes buts, et en croyant fermement que l'univers m'apportera tout ce dont j'ai besoin, sont des actions si enrichissantes et si stimulantes que j'accomplis ces rituels même dans les moments moins opportuns.

Bien sûr, il m'arrive comme tout le monde de sauter des jours, ou d'avoir des impératifs qui m'empêchent de tenir mes engagements, mais j'ai développé cette discipline d'exprimer quotidiennement ma gratitude en utilisant ces techniques, car les sensations qu'elles me procurent sont à elles seules merveilleuses.

Nous pouvons tous établir une discipline et trouver l'élan de tenir nos engagements en expérimentant la puissance et la joie incroyables qui surgissent lorsque nous nous concentrons sur ce qui nous tient à cœur.

Avoir de la gratitude quand le travail est difficile

C'est un mythe de croire que si c'est du travail, ce n'est pas amusant. Même si une tâche représente un véritable défi, vous pouvez vous sentir reconnaissant en l'accomplissant. Si vous vous laissez aller à des émotions improductives ou négatives, telles que l'inquiétude ou l'amertume, le travail semblera plus dur et prendra plus de temps.

Certains écrivains avec qui je travaille sont parfois peu disposés à s'engager dans le genre ou la somme de travail qu'ils doivent accomplir s'ils veulent voir leur livre couronné de succès. Ils me demandent souvent comment ils pourraient éviter de passer des quantités d'appels téléphoniques ou de faire des recherches interminables. Ou bien, ils disent : «Cela ressemble à du démarchage commercial», comme si c'était quelque chose de négatif. Je leur réponds : «Si vous croyez vraiment en ce que vous faites, que peut-il se passer si vous laissez votre enthousiasme s'exprimer lors de ces conversations téléphoniques? Que diriez-vous de vous sentir reconnaissant de l'occasion que vous avez d'aider les autres en leur proposant ce que vous pouvez leur offrir?» Des années auparavant, j'ai pris conscience que le «l'appel à froid» pouvait être intimidant et redoutable du fait même de son nom. Qui aimerait appeler quelqu'un «froidement» sans donner ou recevoir un peu de chaleur? Je préfère donner le nom de «création de relation» quand je téléphone à quelqu'un que je ne connais pas. Chaque fois que je passe un «appel à froid», j'envoie de la chaleur en me sentant reconnaissante d'avoir l'occasion, si petite soit-elle, d'améliorer la vie des gens… et, le plus souvent, ils se montrent agréables et reconnaissants même s'ils ne sont pas intéressés par ce que je propose.

Si vous ne ressentez aucun enthousiasme à accomplir le dur travail que vous avez à faire, remémorez-vous la raison pour laquelle vous le faites. Si le travail ne vient pas naturellement, c'est peut-être que vous ne croyez pas à ce que vous faites, dites ou vendez. Réfléchissez à ce que vous voulez vraiment, et faites-le. Vous pourriez être surpris de constater combien vous êtes reconnaissant de la chance que vous avez de faire ce que vous aimez.

L'une de mes clientes avait créé une vaste campagne pour son livre à l'aide d'une longue lettre diffusée par courriers électroniques qui commençait ainsi : «Je suis parent d'un enfant qui a des besoins très spéciaux.» Chaque fois qu'elle regardait la première phrase du courriel qu'elle avait composé, elle ressentait une connexion avec la personne à qui elle l'envoyait — que ce soit un éducateur, un médecin, un thérapeute ou un directeur d'un centre de soins ou d'une école spécialisée. Elle imaginait leur compassion pour les autres enfants aux besoins spécifiques, se sentait reconnaissante envers tous ceux qui les aidaient, puis appuyait sur «envoyer». Je n'ai pas été surprise d'apprendre que sa gratitude avait inspiré les destinataires. Elle a reçu de nombreuses réponses la remerciant pour l'annonce de son livre, la complimentant pour son travail, et lui souhaitant bonne chance. Inutile de dire qu'elle a continué à expédier ses courriels, y passant parfois plusieurs heures par jour. Chaque fois qu'elle en envoyait un ou recevait une réponse, elle se connectait à un sentiment de gratitude et de bonheur. Comme elle me l'a dit : «Chaque fois que j'envoie un courriel, je pense que la personne qui achètera mon livre apprendra quelque chose qui lui permettra d'aider ce genre d'enfants, et sera finalement capable de rendre la vie meilleure pour l'un d'entre eux. On prend vite goût à porter la bonne parole ! Je suis *si* reconnaissante de pouvoir toucher ces gens et leur faire connaître cette ressource.»

Intensifiez votre appréciation

Si vous appréciez votre partenaire ou vos enfants, vous intensifiez votre gratitude («appréciation» implique l'idée de majoration en valeur ou en quantité). Le fait d'être plus reconnaissant vous permet de ressentir et d'agir avec plus d'amour. Vous souvenez-vous de la première fois que avez connu l'amour ? Vous aviez

probablement l'impression de marcher sur des nuages, d'être transporté de bonheur. Vous ressentiez tant de joie et de compassion que ces sentiments se reflétaient dans chaque domaine de votre vie. Lorsque vous êtes aussi heureux, même votre apparence change. Chaque cellule de votre corps vibre à un niveau supérieur, vous donnant un aspect plus sain et plus énergique.

Chaque jour, j'apprécie Denis, mon âme sœur. Je lui dis combien je l'aime et l'estime. Quand j'écris le soir dans mon journal de gratitude, j'exprime ma reconnaissance de l'avoir dans ma vie. Denis aime dire, « épouse heureuse, vie heureuse », parce qu'il sait que mon bonheur attise le sien. Nous nous stimulons l'un l'autre, élevant ainsi le niveau de joie dans notre foyer.

Certains ont été éduqués dans la croyance qu'il n'est pas très important d'exprimer sa gratitude, et n'ont pas conscience de son pouvoir. Ils peuvent même se sentir gênés de remercier les autres, qualifiant cela de sensiblerie ou pensant que c'est une preuve de faiblesse ou de stupidité. Ne sous-estimez jamais la valeur de la gratitude et sa capacité de vous élever. Créez un sentiment de confiance et il sera plus facile de montrer que vous êtes sincèrement reconnaissant. Vous trouverez les mots justes car ils viendront du cœur.

Appréciez aussi les circonstances ou les relations que vous avez tendance à considérer négatives en recherchant leur côté positif. Si vous ressentez du regret et pensez : « Je n'aurais vraiment pas dû agir de cette façon », essayez de remplacer cette idée par : *Je suis reconnaissant d'avoir réalisé qu'il y a une meilleure façon de gérer cette situation, et je vais y répondre par l'amour.* Réjouissez-vous d'avoir eu cette

chance de grandir, d'apprendre et d'améliorer votre vie. Vous ne pouvez pas toujours contrôler les circonstances, mais vous pouvez toujours choisir l'attitude à adopter. Si vous avez de la difficulté à être reconnaissant, apprenez à être curieux. Méditez sur la précieuse leçon qui vous est présentée maintenant grâce aux défis que vous devez affronter. Demandez-vous : « Comment cette situation peut-elle me servir ou être utile aux autres, m'apprendre quelque chose, me faire rire ou me renforcer ? » Plus vous serez reconnaissant, plus vous serez positif. Votre vie vous semblera parfaite telle qu'elle est.

En fait, pendant longtemps, j'ai cru que la perfection était le but ultime — qu'en servant les autres inconditionnellement, en atteignant mes objectifs, en ressentant des émotions prodigieuses et positives telles que la gratitude, je pourrais régler tous mes problèmes et mener une vie parfaite. Après tout, pourquoi ne pas viser le sommet — une vie totalement libre d'obstacle et de tristesse ? Et j'ai pensé : *se pourrait-il que LA formule soit justement la perfection ?*

METTRE DES BARRES
SUR LES T ET
DES POINTS SUR LES I

Ne négligez jamais les petites choses. Ne lésinez jamais sur cet effort supplémentaire, ces quelques minutes de plus, ces douces paroles d'éloges ou de remerciements, ce partage du meilleur de vous-même. Peu importe ce que pensent les autres, l'essentiel est ce que vous pensez à votre sujet. Vous ne pourrez jamais faire de votre mieux — ce qui devrait toujours être votre image de marque — si vous rognez les coins et vous soustrayez à vos responsabilités. Vous êtes spécial. Agissez comme tel. Ne négligez jamais les petites choses.

— Og Mandino

En assistant pour la première fois à l'exposé d'un spécialiste de la motivation offert par ma compagnie, j'ai pris conscience que j'avais la capacité de changer ma vie et j'ai eu le désir d'en apprendre davantage sur l'auto-émancipation. Au fil des années, je me suis inspirée des nombreuses conférences données par des enseignants, des intervenants et des écrivains — certains dans un style rassurant et sobre, d'autres de manière dynamique et amusante. Chaque fois que je les entendais s'adresser à une audience, leurs programmes semblaient préparés avec soin et j'étais très impressionnée par la maîtrise du présentateur sur sa matière et par sa facilité à s'adresser à de vastes assemblées. Si un membre de l'audience posait une question, les conférenciers répondaient facilement et sans hésitation, car ils étaient totalement présents à ce qu'ils faisaient et avaient un esprit bien aiguisé. Ils savaient aussi se mettre à l'écoute du public et veillaient à la façon dont celui-ci recevait l'information ; j'étais en admiration devant le dévouement à leur travail dont ils faisaient preuve.

En regardant mes mentors et en voyant combien ils étaient positifs, j'ai décidé que je voulais moi aussi aider les autres à atteindre leurs buts. *Pour ce faire*, ai-je pensé, *il me faudra être une figure emblématique de la réussite.*

Évidemment, il me fallait maintenant convaincre les autres de la valeur de mes conseils et prouver mon intégrité. Si je ne prêchais pas par l'exemple, mon message n'aurait aucune valeur. Je sentais que percer n'était pas suffisant pour prouver ma crédibilité, mes réalisations devaient être indiscutables. Plus je pensais à l'importance de veiller à tous les détails, plus j'étais convaincue qu'être un modèle pour les autres finirait par me mener au bonheur et à la satisfaction.

Tout est dans les détails

Les personnes qui n'atteignent pas leurs buts n'ont souvent pas pris conscience de l'importance de se concentrer sur les détails. On dit que la star de cinéma, Bette Davis,

s'est arrêtée un jour de filmer une scène dans l'un de ses films pour montrer au directeur que l'ampoule d'un projecteur — une sur des centaines — avait brûlé et devait être changée avant de poursuivre. Miss Davis était si consciente de chaque aspect de son travail qu'elle avait remarqué ce minuscule détail. Cette attention qu'elle portait aux petites choses a contribué à rehausser son image sur scène et l'a aidée à assurer sa longue carrière à Hollywood. Sa compréhension de l'effet de la lumière sur son apparence lui permettait de se présenter sous son meilleur jour, malgré quelques signes de vieillissement (étant donné que c'est un domaine dans lequel les actrices doivent posséder une beauté sans faille pour obtenir les rôles principaux).

Je crois beaucoup à la concentration sur les particularités des domaines de la vie qui nous importent le plus. Par exemple, il n'y a rien de plus rassurant que de rechercher les services de quelqu'un qui semble toujours impeccablement vêtu et qui puisse parfaitement nous aider à choisir une garde-robe. C'est le portrait craché de mon amie Diane Craig, une experte consultante en image qui a connu un grand succès. Pensez aussi à la paix d'esprit que vous auriez si un comptable pouvait vous indiquer la moindre déduction à votre déclaration de revenu, ou si un enseignant pouvait vous expliquer que votre enfant a des difficultés en écriture, ce qui affecte sa capacité à compléter ses devoirs. Ne représentent-ils pas les professionnels que vous aimeriez avoir dans votre vie ?

Porter attention aux détails et faire les choses correctement est le signe d'un dévouement et d'une intégrité vraiment admirables. C'est ainsi que je voulais être pour faire savoir à ma clientèle qu'elle pouvait toujours compter sur moi. Je mettais une grande fierté à l'effet que j'étais axée sur les détails et que je pouvais ainsi offrir d'excellents services et mettre de l'avant des valeurs qui me tenaient à cœur.

La pression du perfectionnisme

Bien que j'aie toujours fait confiance à mon instinct, à mon ambition et à mon œil aiguisé pour les détails, en réalité, j'étais très anxieuse de voir chaque petite chose fonctionner parfaitement en toute situation. Au plus profond de moi, j'avais peur de ce que penseraient les gens si je ne me montrais pas impeccable dans tous les domaines de ma vie, et la pression que je m'imposais était énorme. À la moindre petite erreur, ou si une tâche que j'avais accomplie ne donnait pas les résultats escomptés, je me rendais malade et me critiquais très durement. Des émotions négatives surgissaient et les vieux schémas de dévalorisation refaisaient surface.

Sachant combien je me sentais mal quand je n'atteignais pas les niveaux très élevés que je m'étais fixés, je faisais tout ce qui était en mon pouvoir pour m'assurer de ne pas faire d'erreur, ni décevoir qui que ce soit. Par exemple, même si je pensais que mon premier livre était bien écrit et contenait de précieuses informations, cela ne suffisait pas. J'ai pensé qu'il fallait en outre faire imprimer mon ouvrage sur un papier de qualité supérieure, utiliser le meilleur matériel sur le marché et rehausser d'or la tranche des pages. J'ai donc loué les services d'une entreprise — recommandée par un

ami — qui m'a promis de faire appel aux meilleurs éditeurs, infographistes et relieurs concernant ma requête. Si j'avais eu moins peur de faire une erreur, je n'aurais compté que sur moi-même pour trouver des professionnels et j'aurais économisé beaucoup d'argent. À cette époque, je pensais que je devais me fier sur ceux qui semblaient en connaître plus que moi.

Et finalement, lorsque mon ouvrage a été finalisé, j'ai eu un choc en découvrant qu'il contenait cinq erreurs typographiques ou orthographiques… *après tout, je m'y étais investie!* Temporairement, j'ai perdu de vue la valeur de mon livre — les quelques 54 000 autres mots correctement orthographiés et imprimés — et je me suis sentie terriblement mal, au point de penser que les gens allaient me juger négativement parce que mon livre contenaient quelques coquilles.

Je savais cependant que je devais transformer mes émotions si je voulais promouvoir mon livre avec enthousiasme. Au fur et à mesure que je me calmais, j'ai pris conscience que la situation n'était pas aussi désastreuse que je l'avais cru au premier abord. Avec le recul, je peux voir maintenant que la cause de mon exigence était due à mes insécurités et à mon perfectionnisme implacable. De même, si ce livre-ci contient quelques erreurs, je sais à présent que je ne vais décevoir personne et qu'il est donc inutile de me sentir mal et de me dénigrer.

Nous devrions tous faire du mieux que nous pouvons, mais si le résultat n'est pas tout à fait parfait, nous devons l'accepter sans nous mettre en colère, ni verser dans la tristesse ou la frustration. Pour ma part, j'ai découvert que la recherche de l'impeccabilité poussée à l'extrême crée un sentiment négatif, nous fait perdre de vue les priorités et peut même nous épuiser par la pression d'avoir sans cesse à se conformer à des standards d'excellence irréalistes.

Le perfectionnisme — un refus d'accepter la *moindre* erreur quelle qu'elle soit — résulte souvent de l'anxiété. En voulant arranger parfaitement chaque petit détail, tout comme l'arbre qui cache la forêt, vous finirez par perdre de vue ce qui est le plus important pour vous. En réalité, vous ne pouvez pas toujours être parfait. Vous devez choisir les choses que vous êtes prêt à abandonner dans votre vie si vous ne voulez pas qu'elles vous submergent.

Ceci me fait penser à mon jardin. La plupart de mes voisins ont arrangé leur terrain avec soin en l'ornant de buissons et de fleurs disposés de manière artistique. Chez moi, au contraire, mon jardin a gardé l'apparence qu'il avait quand je l'ai acheté. Je n'y attache tout simplement pas d'importance et ne fais que l'entretenir au minimum, sans chercher à y mettre plus de fantaisie. Si les installations d'arrosage automatique ne fonctionnent pas, tant pis, ou si je reviens de vacances et que quelques plantes sont flétries, je réagis par un : « Bon, essayons de les ramener à la vie. »

Je ne vois pas non plus l'intérêt de connaître toutes les fonctions de mon téléphone cellulaire et de mon ordinateur, ou de maîtriser tous les outils technologiques que je possède. Si j'ai quelques minutes devant moi, je ne vais pas lire les menus de mon téléphone pour rechercher des applications que je ne soupçonnais pas; je les passerai à faire quelque chose que j'aime. J'ai pris conscience que si j'essaie d'être parfaite dans chaque

domaine de ma vie, je serai incapable de tout faire et je finirai tout simplement par m'épuiser.

En abandonnant tout sentiment d'anxiété ou d'insécurité, je peux alors être en contact avec mes émotions positives et me montrer énergique et enthousiaste. Alimentée par ces puissantes sensations, j'arrive à en faire davantage et à m'occuper des détails qui sont *vraiment* importants pour moi.

Quand les autres attendent de vous la perfection

Parfois, alors que vous faites de votre mieux et avez gardé une somme raisonnable d'intérêts pour pouvoir en gérer les détails, d'autres, guidés par leurs propres peurs ou insécurités, insistent pour que vous soyez parfait. Récemment, une amie a partagé avec moi un blogue qui contenait des idées intéressantes sur la manière de s'alimenter sainement. J'ai décidé de consulter les commentaires des lecteurs pour obtenir d'autres suggestions, étant donné que j'adore faire la cuisine. Alors que je faisais défiler les messages, je me suis aperçue que plusieurs personnes étaient horrifiées de constater que le blogue — qui est associé à un journal très connu — avait employé le mot « veggies » à la place de « vegetables »[1]. Même si mon amie aurait mieux fait d'utiliser le terme plus formel, j'ai rapidement cessé ma lecture, les commentaires n'en finissant pas de la dénigrer parce qu'elle avait utilisé un « mot erroné » et « ruiné » le blogue. Un tel perfectionnisme nous cache la vraie substance des

---

1   N.d.T.: En anglais, veggies étant le diminutif de vegetables (légumes).

choses et fait naître la colère, l'anxiété et une attitude défensive. Cependant, j'ai été heureuse de constater que la bloggeuse, bien que se confondant en excuses et aussi déconcertée que moi par ce tollé général, avait gardé le sens de l'humour. Certains se seraient sentis si attaqués dans cette situation qu'ils auraient baissé les bras et carrément cessé d'écrire. J'ai été ravie de constater que mon amie avait pu gérer la critique avec autant de grâce.

D'autres abandonneront souvent des projets et des rêves de peur d'être blessés par les critiques s'ils font des erreurs. Je sais que, durant ma phase de perfectionnisme, non seulement j'étais dure avec moi-même, mais je voulais également faire plaisir aux gens. Cela me déchirait le cœur chaque fois qu'une personne me critiquait ; une réponse négative comme celle qu'avait reçue mon amie aurait été dévastatrice pour moi.

Si vos parents faisaient fi de vos meilleurs résultats à l'école pour ne s'attarder que sur les moins bons, ou s'ils insistaient pour que vous ne sortiez pas de la maison à moins d'être impeccable, il se peut que vous ayez intériorisé leurs standards de perfection et cru qu'ils pensaient que vous n'étiez pas assez bien. Ils n'étaient probablement pas conscients qu'ils vous envoyaient ce message, mais leur attitude a pu être un facteur contribuant au sentiment de dévalorisation que vous avez développé. Sans doute avez-vous grandi en étant aussi inflexible avec vous-même que l'étaient vos parents ? Ou bien avez-vous abandonné l'idée d'atteindre vos objectifs, en pensant que vous ne pourrez jamais y parvenir ?

Le fait est que nous sommes tous parfaits tels que nous sommes, même s'il nous arrive d'être irritables ou

de faire des erreurs. Après avoir passé plus de temps à fréquenter les spécialistes de la motivation et les gens qui travaillent avec eux, j'ai découvert que mes héros — ceux que je prenais pour des icônes de réussite — avaient tous leurs mauvais jours. J'ai entendu des histoires sur des présentateurs qui avaient momentanément perdu leur calme et des écrivains qui exposaient avec éloquence l'importance de la compassion et de l'harmonie, mais se comportaient pourtant comme des rivaux avec leurs collègues. L'une de ces personnes en particulier manquait tellement d'assurance et était si anxieuse de son apparence qu'elle s'intéressait parfois plus à l'allure qu'elle avait qu'à la manière dont elle traitait les gens. J'ai dû admettre que, tout comme moi, beaucoup d'entre elles avaient leurs imperfections et n'étaient pas toujours à la hauteur de leurs propres idéaux.

J'ai d'abord éprouvé de la déception en constatant que mes héros n'étaient pas parfaits, mais j'ai été néanmoins soulagée de comprendre qu'après tout, ils n'étaient que des humains. J'avais toujours le même respect et la même admiration pour eux, mais j'ai pris conscience que je n'avais pas à m'infliger autant de pression afin de ne jamais faire d'erreurs ou avoir mes mauvais jours. J'ai compris que ces gens croyaient sincèrement à ce qu'ils disaient et qu'ils faisaient de leur mieux pour vivre selon ces principes. Ce qui faisait d'eux des professionnels était que, même les jours où ils ressentaient un peu de déprime ou s'inquiétaient de la façon dont les autres allaient les percevoir, ils faisaient de leur mieux pour être une source d'inspiration. Ils n'étaient pas hypocrites, mais s'efforçaient comme tout le monde de

répondre aux normes élevées qu'ils s'étaient fixées et de s'améliorer chaque fois qu'ils n'atteignaient pas le but recherché.

Avancer vers une solution plus saine

Il y a un danger à croire que nous pouvons avoir une maîtrise totale non seulement sur nos résultats, mais sur nos sentiments et nos pensées. Cette notion de contrôle peut devenir une obsession si nous nous considérons comme des ratés chaque fois que nous laissons nos émotions négatives prendre le dessus, ne serait-ce qu'un instant. Nous avons la capacité de nous mettre en colère, d'être tristes, jaloux, pleins de doute, car il y a un but à chaque défi. Comme l'a écrit Neale Donald Walsch dans son livre *L'amitié avec Dieu* : «... les créatures parfaites de Dieu peuvent faire des choses imparfaites — ou que nous *appelons* imparfaites — et pourtant tout ce qui advient dans la vie arrive pour une raison parfaite. Il n'existe rien qui soit une erreur dans le monde de Dieu, et rien n'arrive par hasard.»

À mes yeux, la perfection veut dire ressentir du contentement, de la reconnaissance et être connecté à son énergie vitale positive — pouvoir *être* dans l'instant présent. Par exemple, vous ressentirez un immense chagrin suite à une terrible perte, mais réaliserez en même temps que la perfection réside dans la beauté de votre amour pour la personne disparue. Si vous venez d'entendre la nouvelle d'une tragédie et que vous avez de la compassion pour les personnes qui ont été blessées... que pourrait-il y avoir de plus parfait que la façon

dont votre cœur réagit? Parfois vos émotions s'élèvent si subitement et de manière si inattendue que vous ne pouvez qu'être rempli d'humilité.

Quand enfin vous êtes capable de lâcher prise sur le perfectionnisme, vous pouvez affronter vos imperfections et voir les aspects positifs que vous pouvez en tirer. À ce sujet, lorsque j'ai publié mon premier livre — en dépensant plus que j'aurais dû pour atteindre mon but — je sais maintenant que j'aurais pu faire un meilleur choix. Mais je pense aussi que cela m'a donné l'occasion d'apprendre quelque chose d'utile : me faire confiance (et avoir confiance dans ma capacité à trouver des professionnels de premier rang) et l'importance d'écouter plusieurs avis avant de prendre une décision. Finalement, j'ai pu être fière de mon livre, reconnaissante envers tous ceux et celles qui m'avaient aidée, et enthousiaste d'en faire la promotion parce que j'appréciais sa valeur en dépit de ces cinq coquilles.

Aujourd'hui, mes priorités sont très claires. L'une d'entre elles est ma volonté de passer plus de temps avec mon mari et mon fils et de ne plus voyager autant. Récemment, lorsqu'une personne m'a offert une excellente opportunité d'affaire, qui aurait exigé que je passe plus de temps loin de chez moi, je n'ai pas ressenti le besoin de montrer à qui que ce soit l'auteure à succès que j'étais en saisissant cette chance de gagner un peu plus d'argent. Je savais que si je restais fidèle à mes valeurs les plus profondes, j'aurais tout ce qui m'était nécessaire : l'argent, la joie et d'autres opportunités.

Il arrive que des gens me demandent de faire quelque chose à la dernière minute et que je refuse sans aucun

sentiment de culpabilité. Non pas que je ne veuille point aider ; j'ai simplement appris à ralentir et à cesser de vouloir toujours plaire aux autres.

Je continue à prêter attention aux détails importants, parce que je pense vraiment qu'ils comptent pour beaucoup. Par exemple, une auteure avec qui j'avais travaillé dans le passé m'a dit qu'elle venait d'engager quelqu'un afin de créer un site web pour la campagne de marketing qu'elle voulait lancer sur Internet ; j'ai décidé d'y jeter un coup d'œil le soir suivant pour m'assurer que tout était bien. Cela ne faisait pas partie de mes responsabilités — ce n'était pas compris dans notre contrat — mais je savais qu'il était important pour elle que le site soit à son meilleur. En le parcourant, j'ai découvert un problème dont je lui ai fait part.

Lorsque vous travaillez à votre propre compte, que vous faites quelque chose que vous aimez, mais que vous êtes une personne perfectionniste, il peut être difficile d'établir des limites avec les clients, tant est grand votre désir de les aider.

J'aimerais illustrer ce constat en vous présentant l'histoire d'un consultant que je connais. Il m'a raconté qu'il avait une envie si impérieuse de plaire à ses clients qu'il ne s'accordait jamais assez de temps pour terminer les travaux qu'il leur avait promis. Si ses clients lui demandaient d'effectuer quelque chose, il s'engageait immédiatement à le faire et à les recontacter à la fin de la journée. Puis, il se sentait stressé et en colère de s'être imposé une telle pression… il se fâchait même avec ses clients ! Il a finalement pris conscience que s'il ne pouvait achever une tâche dans l'après-midi, il n'était pas

toujours obligé de *promettre* qu'elle serait faite d'ici la fin de la journée. Il pouvait s'accorder un ou deux jours de plus s'il savait que le client ne voyait aucun inconvénient à attendre un peu plus.

En apprenant à dire : «Certainement, je peux faire ça et vous l'apporter à la fin de la semaine», il s'est libéré de l'anxiété causée par son perfectionnisme et il a pu ainsi mener à bien toutes ses tâches et s'occuper des détails avec calme, enthousiasme et confiance, sachant qu'il remplirait ses engagements. Il s'est même rendu compte qu'en allégeant son stress, il avait assez d'énergie pour accomplir son travail rapidement, et il a cessé de se mettre en colère contre lui-même ou d'éprouver de l'amertume envers ses clients — il a fini par réaliser que c'était *lui* qui créait la pression qu'il ressentait !

La vie n'exige pas toujours la perfection

La vie est un travail constamment en cours. Si vous exigez que tout se passe «exactement comme prévu» avant de vous autoriser à vous sentir satisfait et heureux, vous ne profitez pas de la perfection qui existe déjà et des occasions de créer la joie et la gratitude maintenant, en cet instant même. Par exemple, lorsque vous allez à une réception, vous n'avez pas à arborer la tenue la plus éblouissante ou apporter l'entremets le plus raffiné. Si c'est ce que vous visez, vous allez probablement vous concentrer sur le moindre détail, arriver en retard et obliger les autres à vous attendre pour dîner ! Ceci est une métaphore qui pourrait s'appliquer à la vie : abandonnez tout sentiment d'incapacité ou d'indignité, soyez clair sur vos priorités, présentez-vous en ayant fait de votre mieux… et ne soyez pas obnubilé par les résultats.

Tout le monde ne partagera pas votre passion ou ne s'enthousiasmera pas autant que vous concernant vos objectifs. Lorsque vous travaillez avec les autres, comprenez qu'ils peuvent avoir des priorités différentes. J'ai appris cette leçon des années auparavant, quand des entreprises m'ont engagée pour donner une formation à leurs employés. Je me rendais dans les salles de réunion, préparais ma présentation, et étais tout feu tout flamme d'enseigner à ces employés une manière de mieux travailler en équipe ou d'établir des objectifs individuels axés sur l'entreprise. Puis, des hommes et des femmes entraient et prenaient place. J'examinais la salle en constatant que certains d'entre eux arboraient une attitude de « qui êtes-vous et pourquoi devrais-je écouter ce que vous avez à dire ? » Même si quelques-uns avaient le désir d'apprendre, d'autres n'avaient aucun intérêt à se perfectionner. Ce peut être un véritable défi de travailler avec des gens qui ne sont pas inspirés et qui affichent un air misérable. Maintenir une énergie élevée dans une telle salle était vraiment difficile quand certaines personnes exprimaient autant de négativité.

Si vous souhaitez sincèrement transmettre des valeurs au monde, ce sera plus difficile si vous avez affaire à des gens qui résistent aux efforts positifs que vous déployez pour les aider. Vous ferez tout ce qui est en votre pouvoir, mais vous saurez aussi quand le temps sera venu d'aller

de l'avant et d'aider ceux qui sont prêts à recevoir ce que vous avez à leur offrir.

Si vous vous concentrez uniquement sur la perfection, vous aurez l'impression que rien n'est jamais assez bien, et vous vous épuiserez. Quels que soient les efforts déployés, s'obstiner à examiner le moindre détail de vos problèmes vous empêchera de les surmonter. À l'inverse, s'occuper de ce qui importe vraiment fera naître la satisfaction, la joie et le contentement face à la situation actuelle, même si vous n'avez pas encore atteint vos buts. Ce merveilleux équilibre entre se sentir bien vis-à-vis de la situation telle qu'elle est et s'enthousiasmer en cherchant à l'améliorer est remarquablement stimulant.

Veiller aux détails d'une façon consciente permet de reconnaître que les erreurs sont des expériences enrichissantes et vous donne le courage d'accepter les fois où vous êtes mécontent des résultats obtenus. Vous ressentirez certainement de la tristesse ou de la frustration quand vous comprendrez que quelque chose ne fonctionne pas à votre goût, mais vous serez capable de lâcher prise sur ces émotions et de vous concentrer sur des sentiments positifs. Ainsi, vous pourrez aller de l'avant au lieu de rester enlisé dans le regret.

Il arrive que certains se sentent si troublés en croyant avoir déçu quelqu'un, qu'ils s'accrochent à la culpabilité et à la honte pendant très longtemps, même si à l'évidence, la personne qu'ils pensent avoir froissée a déjà tout oublié. Par exemple, l'une de mes clientes tenait absolument à régler un problème de son passé, mais lorsqu'elle s'est finalement retrouvée devant cet individu

qu'elle croyait avoir blessé, il en a été abasourdi. Il avait complètement oublié cet incident, alors qu'elle s'y était accrochée tout ce temps et n'avait cessé de se juger négativement pour une erreur qu'elle pensait avoir commise.

Reconnaître ses erreurs face aux critiques

Étant donné que nous faisons tous des erreurs et disposons d'une marge pour nous améliorer, nous serons parfois jugés. Les gens ne savent pas forcément comment formuler des critiques douces et constructives et, si (comme moi) nous y sommes sensibles, nous pouvons redouter de les entendre.

Même si je préfère ne pas recevoir de rétroactions des autres que je n'ai pas sollicitées, il m'arrive néanmoins de réclamer des avis de temps à autre. Je sais que le seul fait de réfléchir à la façon d'avancer dans ma carrière ou dans ma vie personnelle me permettra de découvrir de nombreux moyens de m'améliorer. Sachant que nous avons toujours la possibilité de mieux faire, je consacre beaucoup de temps à mon autocritique.

Je peux être très dure avec moi-même, mais j'ai fini par apprendre que ce processus d'investigation peut être constructif. Si je me surprends à me dévaloriser quand je réfléchis à la manière dont j'ai traité un client particulier ou prononcé un discours, je m'arrête, je respire et je passe à un état d'esprit plus positif. Quelle que soit l'émotion que j'ai générée dans ce cas, ma confiance s'accroît et me permet d'être honnête avec moi-même, de reconnaître mes erreurs et de les éviter la prochaine fois. Auparavant, quand j'étais perfectionniste, j'entrais

dans un état de frustration à la moindre petite imperfection, ce qui ne m'était d'aucune aide. Les résultats enrichissants proviennent des émotions positives, et non des négatives.

Nous pouvons être des juges extrêmement sévères pour nous-mêmes et faire des comparaisons avec les autres qui ne nous rendent pas justice — par exemple, admirer la façon remarquable dont la voisine élève ses enfants, ou comment nos collègues respectent remarquablement bien leurs délais — sans reconnaître qu'ils ont aussi leurs propres difficultés. Peut-être ne sommes-nous pas conscients de leurs problèmes ou pensons-nous qu'il n'y a pas de quoi en faire tout un plat, mais personne ne peut se mettre à la place d'un autre.

À titre d'exemple, j'ai une amie qui a de grandes difficultés à gérer ses habitudes alimentaires, et qui se sent horrible quand elle n'arrive pas à vivre en fonction des critères élevés qu'elle s'est fixés. Ce problème n'est pourtant pas évident quand on la regarde, puisqu'elle n'a pas de surpoids, a une belle peau et semble en excellente santé. Même si elle ne critique jamais la manière qu'ont choisie les autres de s'alimenter, elle reste néanmoins convaincue que ses propres habitudes sont les pires de toutes. L'image qu'elle a d'elle-même semble tout à fait décalée par rapport à celle que les autres perçoivent. Si elle voulait abandonner son perfectionnisme, elle pourrait développer une image d'elle-même moins dénaturée et découvrir et accueillir sa beauté.

Quand j'ai pu enfin dire adieu à mon propre perfectionnisme causé par l'anxiété, j'ai ressenti un sentiment de contentement et de joie que j'avais occulté. J'ai toujours pensé que si je travaillais très dur et que je faisais tout mon possible pour accéder au pinacle de la réussite, alors j'atteindrais mes objectifs et serais heureuse... puis, il m'est venu à l'esprit que ce pouvait être exactement le contraire. J'ai pris conscience qu'en abandonnant le perfectionnisme et l'anxiété, je me sentais mieux dans ma peau et j'accroissais ainsi mon sentiment de joie ; et ceci semblait aller de pair avec un nombre accru d'opportunités qui s'offraient à moi et de réussites. *Peut-être,* ai-je pensé, *le bonheur n'est pas la destination en soi, mais le chemin pour y parvenir : la route qui conduit à tout ce qui est positif dans la vie ? Peut-être LA formule consiste-t-elle tout simplement à être heureux ?*

HEUREUX À TOUT JAMAIS

« Il n'existe aucune voie vers le bonheur.
Le bonheur est la voie. »

— DR. WAYNE W. DYER

Pendant de nombreuses années, j'ai essayé de mettre la main sur cette clé de la réussite et de la satisfaction... ce qui pourrait aussi mettre fin à mon agitation.

J'ai participé à des séminaires et des ateliers, j'ai écouté d'innombrables enregistrements inspirants et j'ai médité. J'ai pratiqué la marche sur le feu une demi-douzaine de fois et acheté presque tous les livres de développement personnel que je pouvais trouver. J'ai pensé que peut-être Bob Proctor, Anthony Robbins, Denis Waitley, Og Mandino ou d'autres spécialistes de la motivation, détenaient la réponse. Pourtant, même si j'ai beaucoup appris et évolué grâce à l'écoute de leurs visions, je continuais à sentir que quelque chose manquait.

Un jour j'ai entendu Wayne Dyer dire : « Il n'existe aucune voie vers le bonheur. Le bonheur est la voie », et j'ai immédiatement pensé : *Si le bonheur n'est pas une destination en soi, mais le chemin pour y parvenir, ce doit*

être la réponse à tous mes problèmes, n'est-ce pas? Sur ce, j'ai décidé d'apprendre tout ce que je pouvais sur le sujet.

Le bonheur est simple

Quand je songe au bonheur, je ne peux m'empêcher de penser aux enfants qui expriment leur joie si facilement et sans aucune hésitation. Je me souviens de mon fils et de ses amis lorsqu'ils avaient cinq ou six ans; ils adoraient que je les emmène au lave-auto. C'était si amusant pour eux d'être assis à l'intérieur de la voiture à regarder toutes ces brosses et l'eau savonneuse ruisseler sur celle-ci! Ils ne cessaient de jacasser et de pousser des cris de joie.

Malheureusement, nous les plus âgés, oublions simplement combien il est facile de faire naître la joie. Trop souvent, nous mettons des freins à notre bonne humeur au lieu de jouir des simples plaisirs de la vie, ou nous trouvons toutes sortes de moyens de nous dissuader d'être joyeux. C'est fantastique de se fixer des buts, mais lorsqu'il faut établir toute une liste de conditions pour arriver au bien-être, cela complique la vie et nous empêche souvent de nous sentir satisfaits.

Au lieu d'être joyeux et exubérants, nous commençons à nous inquiéter et à nous agiter en pensant : *Oui, c'est vrai, je suppose que je pourrais être heureux pour les bonnes choses qui m'arrivent en ce moment dans la vie, mais j'ai tellement de problèmes à régler.* Nous pensons à tort que nous serons incapables de ressentir le bonheur tant que nous ne nous serons pas débarrassés de tous nos problèmes. En fait, l'absence d'épreuves dans la vie

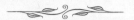
n'engendre pas automatiquement la satisfaction. Nous pouvons générer du plaisir chaque fois que nous le choisissons, et ce n'est pas un critère d'évaluation que de balayer tous les obstacles sur la route qui y conduit — les barrières sont toutes dans notre tête.

Pour être heureux, nous devons apprendre à dompter notre esprit afin qu'il ne crée pas continuellement des pensées menant à des émotions négatives, et il faut de la pratique pour apporter de la joie dans tout ce que nous faisons.

En fait, il existe une nouvelle branche en psychologie, appelée la psychologie positive, qui cherche à aider les gens à générer le bonheur et des émotions positives au lieu de se concentrer sur leurs problèmes. Tant de gens ont intériorisé la fausse croyance que vivre exige de souffrir — et même si leur vie s'écoule sans problème, ils ne pensent qu'à ce qui ne va pas et comment y remédier. Ils ne sont pas conscients de la chance qu'ils ont de pouvoir reconnaître leurs problèmes et d'y travailler tout en demeurant joyeux, même si les choses semblent négatives. Ils verraient pourtant que leur expérience serait complètement différente si seulement ils s'efforçaient de créer ce qui leur permettrait de se sentir bien.

Nous avons tout particulièrement tendance à nous pencher sur les problèmes qui apparaissent dans les relations à long terme parce qu'au fil du temps, nous prenons naturellement conscience des imperfections de notre partenaire (je préfère les appeler «bizarreries»). Cependant, si nous voulons créer de la joie, nous devons examiner notre relation et nous demander : «Que puis-je apprécier chez cette personne qui m'incite à ressentir de la gratitude?» Si nous décidons de nous concentrer sur les petites choses qui nous dérangent chez l'autre, notre bonheur d'être ensemble s'estompera.

Nous avons naturellement des priorités et des limites de résistance dans nos relations, mais quand tout va bien dans notre vie, il devient très facile de nous polariser sur ces manies qui nous irritent et de les utiliser comme excuses pour créer de l'agitation. À ce sujet, chaque fois que je consulte la chronique de *Dear Abby* sur Internet, je suis souvent amusée par le genre de problèmes que les gens ressentent le besoin d'exposer sur son blogue : ils expriment leur irritation vis-à-vis d'un partenaire qui laisse toujours traîner ses affaires sales par terre ou des traces de café sur le comptoir. Très souvent, Abby leur fait sagement remarquer que, bien qu'il y ait des solutions à ces petits problèmes, ils ne devraient pas voiler leurs perceptions en se concentrant constamment sur le négatif. Nous avons tous des choses qui nous agacent, des choses à reprocher, mais quand elles commencent à altérer notre niveau de bonheur, il est temps de lâcher prise sur ces petits travers.

L'éloge du bonheur

Le bonheur est semblable à l'ingrédient principal d'une recette, en ce sens qu'il n'existe aucun substitut qui puisse le remplacer. Ce serait comme faire une fournée de biscuits en oubliant d'y ajouter du sucre : ils n'auraient pas bon goût.

À l'époque victorienne, beaucoup de gens croyaient que le but de la vie était d'être une bonne personne et

ils auraient rejeté l'idée que le bonheur est important, considérant que le rechercher s'apparente à de l'égoïsme. Je pense le contraire : pour être une personne honorable, il faut se sentir heureux.

Quand vous êtes empli de joie, vous avez envie d'aider les autres à expérimenter la même chose. Quand vous vous *sentez* bien, vous êtes incité à *faire* le bien. Votre propre félicité jaillit de vous naturellement et profite aux autres, de même que vous recevez en retour les émotions positives des autres. Le bonheur vous relie aux autres tandis que vous leur remontez le moral en partageant votre joie — c'est contagieux. Vous pouvez être d'une humeur massacrante, mais il suffit que quelqu'un sorte une bonne plaisanterie pour que vous vous retrouviez à rire, à vous détendre et à vous sentir mieux.

L'optimisme accroît votre propre sentiment de bien-être, et il n'y a rien d'égoïste à prendre soin de vous. Si vous cherchez à *être* bienveillant sans le *ressentir*, vous ne ferez que donner aux autres à partir d'une attitude négative, ce qui aura pour conséquence d'accroître la tristesse. Vous serez sans doute capable d'aider les gens, mais le ferez probablement de mauvaise grâce : vous aurez l'impression de n'avoir pas assez à offrir, ou qu'en donnant, vous allez vous épuiser. Vous pourrez également éprouver de l'amertume en pensant que les autres ne vous rendent pas la pareille et ne remplissent pas le vide de la tristesse en vous — comme s'ils le pouvaient ! Laissez-vous imprégner par de puissantes émotions positives avant d'essayer de faire du bien au monde, et vous serez tel un récipient débordant d'énergie sans limite, donnant généreusement et sans peur.

Le bonheur est connecté à toutes les autres émotions positives, ainsi quand vous en êtes rempli, vous vous sentez plus confiant, curieux, calme et aimant. Au début, vous pourrez lui résister parce que vous vous sentez embarrassé et ne reconnaissez pas la valeur de la joie (comme si être heureux était pour vous un signe de naïveté ou de stupidité). Ou bien vous vous sentirez coupable d'éprouver de la joie alors que d'autres sont tristes. En réalité, personne ne peut tirer bénéfice de votre morosité. Si vous voulez aider ceux qui souffrent, ne vous associez pas à leur tristesse. Ressentez de l'empathie, mais générez le bonheur et aidez-les à découvrir leur propre capacité à le ressentir. Faites-le en exprimant de l'amour au lieu de leur conseiller de ne pas se sentir mal. Quand une personne est perturbée et que quelqu'un lui propose son aide avec compassion, il est plus facile pour elle de retrouver un état de bonheur.

Lorsque je me suis aperçue que ma nature joyeuse profitait autant aux autres qu'à moi, j'ai commencé à m'autoriser à agir ainsi plus souvent, en faisant le choix conscient de créer la joie chaque jour. Chaque fois que je me sens triste, je me rappelle que la joie est une émotion bien meilleure et plus puissante, et je m'oriente vers elle. Je savoure alors cette sensation en l'appréciant et en l'amplifiant.

Savourer le bonheur est une partie vitale du processus. Je sais cependant que ce peut être un défi, car la vie semble défiler si vite que nous nous croyons obligés de passer immédiatement à la tâche suivante pour ne pas être laissés pour compte.

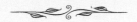

Ceci me rappelle une éditrice que je connais qui m'avait expliqué ce qu'elle avait l'habitude de faire, jadis, quand elle travaillait dans une maison d'édition et que quelqu'un lui apportait la première copie du livre sur lequel elle avait travaillé des mois durant : elle le parcourait, l'admirait quelques secondes, puis le reposait et se remettait immédiatement à son travail. Pas étonnant que cette femme se soit épuisée professionnellement !

Si vous ne vous autorisez à ressentir la joie que brièvement avant de porter votre attention sur la tâche suivante, ce sera très difficile de maintenir un moral élevé. Célébrez ce qui est bon dans la vie et concentrez-vous sur vos plaisirs, pas sur vos problèmes.

La gratitude et le bonheur sont interconnectés, car lorsque vous vous sentez reconnaissant de ce que vous avez, vous ne pouvez vous empêcher d'être joyeux. Vous pouvez aussi créer le bonheur en laissant simplement entrer dans votre esprit des images qui vous apportent de la joie ; en outre, vous pouvez changer votre état d'esprit en regardant autour de vous et en remarquant ce qui est positif, beau et merveilleux dans votre vie. Prenez un peu de temps maintenant pour observer votre environnement et trouver quelque chose de beau ou de merveilleux. Assoyez-vous, regardez autour de vous et laissez la félicité s'élever en vous.

Le bonheur conditionnel

Si vous avez déjà défini ce qui pourrait vous rendre heureux et que vous vous entêtez dans ces idées préconçues, c'est probablement parce que vous vous sentez anxieux et craintif avec un désir de contrôler vos situations, les gens qui vous entourent et votre avenir. Cependant, la façon de procéder avec ces émotions cachées ne consiste pas à poser des conditions strictes quant à ce qui vous serait nécessaire pour être heureux, mais de *guérir* ces émotions en les remplaçant par la joie.

Nous avons tous différentes passions et aversions, différents espoirs et rêves. Certains aiment vivre en solitaire dans une zone rurale entourée d'espace, d'autres s'épanouissent dans une ville bruyante et affairée. Certains aiment que leur environnement soit ordonné, tandis que d'autres préfèrent vivre au milieu d'un certain désordre. Il se peut même que nous ne soyons pas conscients de nos priorités ou de nos préférences jusqu'au jour où nous expérimentons quelque chose de nouveau... et soudain, nous reconnaissons que nous avons totalement négligé certaines circonstances. Si certains changements ne nous conviennent pas, nous sommes en droit de penser : *Je ne peux gérer cela. C'est trop dur d'être heureux dans une telle situation.* Pas de problème. Nous devons être cléments avec nous-mêmes et apprécier notre propre honnêteté.

Être bon avec soi-même peut même nous aider à réaliser que nous nous sommes laissés entraîner dans l'idée que nous ne pourrons être heureux tant que nous n'aurons pas rencontré certaines conditions, alors qu'en réalité, cette perception a été fortement influencée par les autres.

Nous sommes quotidiennement bombardés de publicités qui nous assurent que notre vie ne sera pas complète tant que nous ne posséderons pas telle ou telle

chose. Les médias parlent souvent de gens qui *semblent* heureux parce que ce sont de riches célébrités, sous-entendant qu'argent et notoriété sont les clés d'une joie durable. Nos parents, familles, enseignants et communautés ont leurs propres idées sur ce qui mène au bonheur, mais nous pourrions découvrir un jour que leur formule du bonheur ne fonctionne pas pour nous. Ainsi, quand finalement nous atteignons ce qui, selon nous, nous rendra heureux, nous pouvons nous retrouver aussi déprimés qu'auparavant. Cependant, si nous sommes sincères avec nos valeurs et nos désirs les plus profonds, nous éviterons ainsi de nous concentrer sur ce qui a peu de valeur afin de porter attention à ce qui compte vraiment, stimulant ainsi notre propre bonheur.

Le bonheur vient de l'intérieur

Je mets régulièrement à jour mes affirmations et exprime de la gratitude pour tout ce qui m'arrive… même pour ce qui ne s'est pas encore manifesté dans ma vie. Par exemple, j'affirme combien je suis heureuse d'avoir parlé devant un grand auditoire qui s'est montré réceptif, chaleureux, intéressé et inspiré par mes paroles — et je le fais avant de donner ma conférence. Récemment, l'une de mes affirmations était : *Je suis très heureuse que ma sœur ait retrouvé la bague de ma mère qui faisait partie des bijoux de famille et qui avait été égarée.* Je visualisais ma sœur tenant la bague dans sa main, un large sourire aux lèvres, impatiente de m'appeler et de m'apprendre qu'après avoir tant cherché, elle l'avait enfin trouvée. Je me sentais excitée, reconnaissante et joyeuse chaque fois que j'imaginais cela… et je n'ai pas été du tout surprise de l'appel de ma sœur quelques jours plus tard me disant que la bague était réapparue !

Lorsque vous créez les conditions du bonheur au fond de vous-même, vous vous tournez vers un état positif et l'Univers y répond en faisant correspondre les circonstances extérieures. Si ce n'est pas toujours le cas, c'est probablement parce que vous n'êtes pas conscient de l'agitation intérieure qui vous habite. Si vous ressentez de la tristesse dans votre subconscient, l'Univers attirera des situations qui reflèteront le chagrin. Toutefois, cela vous donnera l'occasion de ramener à la surface toute la souffrance dont vous n'aviez pas conscience et de la transformer pour générer le bonheur au plus profond de vous. Ce faisant, vous travaillez avec l'Univers afin de créer les conditions qui vous seront les plus bénéfiques.

Nous avons tous quelque chose à guérir, et si nous faisons l'effort de découvrir quelles croyances ou émotions nous fragilisent, nous pouvons entreprendre le processus de guérison. Il est même recommandé de le faire quand notre vie semble chaotique. Bien qu'il ne soit pas avisé d'aller au-devant des problèmes, nous devrions prêter attention à cette petite voix intérieure qui dit : « Je ne suis pas aussi heureux que je le devrais », ou « Cette situation ne me convient pas ». Cette voix peut être très discrète, mais si nous ne l'écoutons pas, l'Univers se chargera de diriger notre attention sur elle en créant une situation qu'il sera pratiquement impossible d'ignorer.

L'histoire suivante est un bon exemple qui illustre la manière dont l'une de mes amies a finalement décidé d'écouter l'exhortation qui trottait dans sa tête. Elle m'a

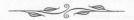
confié que des années auparavant, elle s'était mariée par crainte de rester seule. Elle était jeune et peu sûre d'elle et pensait qu'elle ne trouverait personne capable de l'accepter et de l'aimer telle qu'elle était ; elle a donc choisi un homme qui l'aimait beaucoup mais qui cherchait constamment à la changer. Mon amie avait longtemps ignoré sa petite voix intérieure lui disant que cet homme n'était pas le bon partenaire pour elle, et avait laissé sa peur l'empêcher d'affronter la vérité. Ce n'est que le jour où son mari a eu une aventure que cette femme a reconnu ses véritables sentiments et pensées.

La bonne nouvelle est que, étant donné que mon amie ne pouvait plus ignorer ce qu'elle avait appris, à savoir le chagrin que la situation lui causait, elle a commencé à travailler sur sa guérison intérieure. Elle a finalement rencontré quelqu'un qui l'aimait vraiment pour ce qu'elle était et l'a épousé. Ils sont très heureux ensemble, et elle peut maintenant affirmer qu'elle est contente que l'infidélité de son premier mari l'ait obligée à cesser de fuir sa souffrance et à commencer à engendrer la joie.

Vous avez le droit d'être heureux, même si les autres ne le sont pas

C'est certainement un défi de rester optimiste si vous êtes entouré de personnes malheureuses. Leur humeur négative vous affectera inévitablement si vous ne vous efforcez pas de maintenir consciemment des émotions plus positives. Si vous créez l'habitude d'être joyeux, vous aurez moins tendance à glisser dans la tristesse quand vous serez à côté d'une personne triste... vous

pourriez même découvrir qu'il est possible de garder un sens de l'humour dans une telle situation.

L'une de mes amies dirige une entreprise familiale avec sa sœur ; cette dernière se sent frustrée chaque fois qu'elle n'arrive pas à comprendre certaines fonctions de l'ordinateur. Quand les choses ne fonctionnent pas comme elle le voudrait, elle se met à maudire et à hurler contre cette abominable machine. Étant donné qu'elles travaillent dans le même bureau étroit, mon amie est affectée par les explosions d'énergie négative de sa sœur. Cependant, elles ont choisi d'aborder la chose avec humour : elles ont passé un accord à l'effet que mon amie demanderait à sa sœur d'arrêter de travailler sur l'ordinateur, ou qu'elle-même sortirait de la pièce, car elle était très sensible à ses accès de colère. Comme elle me l'a expliqué : « Je peux supporter les distractions, mais là, c'est comme si la température de la pièce changeait. J'ai simplement besoin de sortir un moment jusqu'à ce que ma sœur résolve le problème et retrouve sa bonne humeur. »

Certaines personnes arrivent facilement à ignorer les énergies émotionnelles négatives tandis que d'autres, comme moi, y sont très sensibles par nature. Aujourd'hui, j'ai tant de réserve de bonheur qu'il en faut beaucoup pour m'abattre. Si je suis près de quelqu'un qui est déprimé ou en colère, je ressens instantanément ces émotions, mais je n'en fais pas un cas personnel. Je reconnais que cette personne n'est pas fâchée à cause de moi, et je ne laisse pas mes propres émotions déraper dans la négativité. Je m'éloigne simplement de la

personne ou de la situation et, si ce n'est pas possible, je m'efforce d'augmenter ma propre joie.

Il arrive que la souffrance des autres soit très intense. Il peut être impressionnant de prendre la parole face à un individu en colère, mais il est nécessaire de nous confronter à lui et de l'avertir des effets de son comportement. Il faudra cependant veiller à ce que rien de ce qu'il vous répondra ne pourra vous affecter. Vous êtes responsable de vos pensées et de vos sentiments et c'est vous qui décidez de l'attitude que vous voulez avoir. Dites-vous par exemple : *Je suis navré qu'il soit si en colère, mais je ne vais pas réagir à son amertume et à ses critiques acérées par la colère, parce que j'ai choisi d'être heureux.* Comme mon amie, vous pouvez décider simplement de sortir de la pièce ou d'éviter les gens quand ils ne sont pas de bonne humeur, afin d'affermir votre propre joie.

Un tel comportement peut être difficile à maintenir si la personne concernée est un proche, mais vous ne pouvez pas rendre *tout le monde* heureux ! Tout ce que vous pouvez faire est de conserver votre bonne humeur, inviter l'autre personne à adopter un état émotionnel plus positif, et accepter sa décision de rester dans l'agitation si c'est ce qu'elle a décidé.

N'oubliez pas que certains peuvent se sentir si découragés que la meilleure chose à faire sera de les orienter vers une aide professionnelle. Il est très important de reconnaître les limites de votre capacité à sortir quelqu'un de la dépression — ne pensez jamais que vous pouvez remédier à la souffrance de l'autre simplement parce que vous l'aimez profondément.

Le bonheur va et vient

Le bonheur est fluctuant. Bien que vous puissiez faire le choix conscient de changer vos émotions et de revenir à un état plus joyeux, il est impossible d'éviter de tomber dans la tristesse de temps en temps. Vous ne pouvez pas simplement appuyer sur un interrupteur et vous sentir instantanément joyeux, mais vous pouvez faire un effort concerté pour sortir de votre tristesse et vous tourner vers la félicité.

Quand ma mère était à l'agonie, nous savions tous que son départ n'était qu'une question de temps. Je passais par des hauts et des bas émotionnels et par le processus du deuil avant même qu'elle ne nous quitte. Je m'assoyais très souvent pour pleurer, en pensant à ce que nous avions fait ensemble et que nous ne pourrons plus faire. En octobre, j'ai pris conscience qu'on célébrait notre dernière fête de l'Action de grâce avec elle. Aussi, même si je me sentais profondément triste en pensant que ces vacances seraient les dernières que nous passerions ensemble, je n'ai pas oublié pour autant d'apprécier cette journée. De ce fait, j'étais bien plus consciente qu'à l'ordinaire des choses merveilleuses de la vie. C'était comme si chaque émotion était un vin de premier choix ; je prenais le temps de sentir l'arôme avant de l'avaler et de détecter toutes les saveurs en le sirotant. Je portais mon attention sur mes pensées et mes émotions tandis que je passais des heures assise avec ma mère. Et j'ai remarqué, qu'en dépit de mon chagrin, je ressentais la plupart du temps de la gratitude du fait de pouvoir passer quelques moments de plus avec elle.

Quand ma mère a été admise pour la première fois à l'hôpital et que les membres de la famille se sont relayés jour et nuit à son chevet, je me suis demandé : *Que ressent-elle ? Beaucoup de gens n'ont pas la chance d'avoir tant de proches autour d'eux durant ce précieux moment, et en fait, beaucoup ne jouissent même pas d'un bref instant pour dire au revoir.* Je la regardais et essayais de comprendre ce qu'elle ressentait. Elle semblait résignée, comme si elle observait simplement tout ce qui se passait et entamait le processus du lâcher prise.

Mon frère avait conçu un collage géant regroupant tous les événements de sa vie, et nous étions tous assis autour d'elle à commenter les souvenirs liés à chaque photographie. Nous avions rendu la pièce de maman plus accueillante en installant des coussins roses, moelleux et des fleurs fraîches, et nous avons partagé de manière inconditionnelle notre bonheur, nous remémorant les moments amusants que nous avions vécus.

Telle que je connaissais maman, elle aurait voulu que notre famille soit heureuse et ne se morfonde pas dans la tristesse ; nous avons donc laissé nos émotions s'exprimer naturellement. Je ne fuyais ni ma joie ni ma tristesse. Je ne pensais pas : *Je ne devrais pas être heureuse en ce moment ; elle pourrait s'en offusquer,* ou *Je ne devrais pas être triste parce qu'il n'y a rien de positif à s'enfermer dans le chagrin.* J'étais calme et totalement présente dans l'instant parce que j'acceptais le rythme de mes émotions. Quand maman a fini par rendre l'âme, j'avais déjà laissé un peu libre cours à mon chagrin et j'ai été capable de lui dire adieu et de la laisser partir. Je sais que je n'aurais pas pu le faire si j'avais résisté au processus

et essayé de concevoir ce que j'étais *censée* ressentir à chaque moment. En m'abandonnant à cette expérience, j'ai découvert que même dans les moments tristes, la beauté et la joie reviennent toujours.

Vivre joyeusement — en regardant à travers le prisme de la curiosité et de l'appréciation — permet de considérer nos problèmes sous leur vrai jour. Nous voyons des possibilités à la place des obstacles et de l'espoir à la place du désespoir. Je comprends pourquoi certains pensent que le bonheur est le but suprême, mais l'est-il vraiment ? Que dire de toutes les autres remarquables qualités que j'avais éprouvées le long du chemin ? Y avait-il quelque chose que j'avais négligé dans ma quête zélée de la formule gagnante ?

Chapitre 8

LA FORMULE GAGNANTE

« La seule chose qui ne se conforme pas à la règle du plus grand nombre est la conscience d'une personne. »

— Extrait de *Ne tirez pas sur l'oiseau moqueur* de Harper Lee

La vie comporte tant de choix et tant d'informations à trier et à assimiler, qu'il peut être difficile de comprendre ce qu'il nous faut pour nous sentir heureux, prospères et satisfaits. Nous sommes tentés de croire qu'il existe une formule magique qui simplifiera toutes les théories dont nous avons entendu parler et qui nous aidera à faire la pleine lumière sur la prochaine étape à suivre.

Après toutes mes recherches et introspections, j'ai finalement trouvé la réponse concernant *LA formule* : il n'y a pas une seule formule. Il n'y a pas de vérité absolue qui effacera toute ma confusion et fera disparaître mes souffrances et mes peurs.

Cependant, la formule gagnante existe vraiment. J'aimerais la partager avec vous, mais vous devez comprendre qu'elle est unique pour chacun de nous, et en perpétuel changement.

En quoi consiste votre formule gagnante ?

La formule gagnante est votre recette personnelle pour accéder à la joie, à la satisfaction et au but de votre vie, et elle combine tous les éléments dont j'ai parlé dans ce livre :

- Prendre la responsabilité de votre propre vie

- Gérer vos pensées et vos émotions

- Établir et atteindre vos buts

- Donner aux autres de manière inconditionnelle à partir d'un sentiment de passion personnelle

- Ressentir de la gratitude

- Prêter attention aux petites choses et être fier de vos réalisations

- Être heureux

Comme vous l'avez compris, réaliser chacun de ces éléments exige équilibre et adaptabilité. Par exemple, si vous décidez que votre mission est d'aider les personnes dans le besoin, veillez à ne pas présumer de vos forces pour ne pas affaiblir votre objectif. Ou bien, si vous vous êtes fixé le but d'atteindre une certaine qualification dans votre entreprise, vous devrez ajuster cet objectif si vous êtes muté dans un département différent. Il n'est pas bon pour votre santé mentale de vous juger en vous basant sur le fait d'avoir ou non atteint tous vos buts exactement comme vous l'aviez prévu. La flexibilité est une composante essentielle de votre parcours.

Personne ne peut vous signaler le point tournant où vous risquez de perdre l'équilibre et de pencher vers

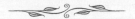

la voie de la confrontation, de la frustration et de la tristesse. *Vous* seul pouvez savoir quand vous avez trop donné ou quand vous vous embourbez dans le perfectionnisme. Étant donné que chaque personne a un point d'équilibre qui lui est propre, la meilleure façon de trouver le vôtre est d'être honnête avec vous-même par rapport à vos valeurs et d'écouter vos sentiments qui vous diront ce qu'il convient de faire — votre guidance intérieure ne vous égarera pas.

L'histoire suivante, adapté des fables d'Ésope, illustre parfaitement ce qui arrive quand vous recherchez à l'extérieur de vous-même une réponse sur la façon de mener votre vie :

L'homme, le garçon et l'âne[2]

Il y avait une fois un homme qui décida de vendre son âne au marché. Il enrôla son jeune fils pour l'accompagner et l'aider. Ensemble, ils partirent pour le village en marchant à côté de l'âne. Ils rencontrèrent bientôt un individu qui les interpella :

— Allez-vous parcourir tout ce chemin jusqu'au village avec cet âne ?

— Oui, répondit l'homme.

— Pourquoi ne montez-vous pas dessus ? À quoi sert un âne s'il ne peut vous porter ? C'est insensé !

— Bien sûr… vous avez raison, marmonna l'homme.

Et il aida son fils à grimper sur le dos de l'âne.

---

2   N.d.T. Traduction libre.

Ils continuèrent leur route et croisèrent bientôt un groupe d'hommes qui crièrent :

— Allez-vous parcourir tout ce chemin jusqu'au village ? Quelle honte, garçon, de laisser ton pauvre père marcher alors que tu es jeune et en bonne santé !

Embarrassé, l'homme fit descendre son fils et s'installa sur le dos de l'âne.

Quelques kilomètres plus loin, les voyageurs arrivèrent à l'entrée du village. Alors qu'ils doublaient deux femmes, l'homme entendit l'une d'elle dire à l'autre :

— N'est-ce pas horrible ? Cet homme a laissé marcher ce pauvre enfant jusqu'au village tandis qu'il chevauchait l'âne.

Troublé à nouveau, l'homme ordonna à son fils de s'asseoir derrière lui sur l'âne et ils continuèrent leur chemin vers la ville. Ils croisèrent bientôt un autre groupe d'hommes qui s'écrièrent, écœurés :

— Regardez ce pauvre âne frêle qui s'épuise à porter deux personnes. Quelle terrible façon de traiter un animal !

Le pauvre fermier ne savait plus quoi faire. Décidément, il mettait tout le monde en colère aujourd'hui ! Finalement, il eut une idée. Il demanda à son fils de l'aider à couper une grande branche d'arbre et y attacha les pattes de l'âne avec une corde, en expliquant :

— Nous allons le porter la tête en bas jusqu'au village et personne ne nous reprochera de le monter ou de ne pas le monter.

Le garçon aida son père à attacher l'âne qui commença à braire et à se débattre en protestation. Ce fut laborieux, mais ils finirent par y parvenir et hissè-

rent la perche de fortune sur leurs épaules. Alors qu'ils s'apprêtaient à traverser le pont menant au village, tous les gens du marché commencèrent à les montrer du doigt et à rire.

— Que font-ils? Cet homme est fou, disaient-ils.

L'âne terrifié se débattit tant qu'il se libéra de ses cordes, tomba du pont et atterrit dans l'eau où il se noya.

Un vieil homme qui avait été témoin de toute la scène leur dit :

— Ce sera une leçon pour vous. Cherchez à faire plaisir à tout le monde... et vous ne ferez plaisir à personne.

Tout le monde a son opinion, mais vous êtes la seule personne à savoir quelle décision est la bonne pour vous. Si vous recherchez des réponses à l'extérieur, vous obtiendrez de bons et de mauvais conseils; si vous essayez d'écouter tout le monde, vous perdrez de vue ce qui vous tient le plus à cœur. La solution est de vous appuyer sur votre sagesse intérieure et sur tout ce que vous avez appris pour élaborer votre recette personnelle de satisfaction et de joie. En d'autres termes, afin de découvrir votre formule gagnante, écoutez votre cœur, votre esprit et votre corps — pas uniquement les opinions extérieures. Ce n'est qu'à cette condition que vous trouverez la recette unique qui vous correspond.

Ce qui vous tient le plus à cœur ne devrait pas être fondé sur ce que les autres disent, mais bien sur ce qui a de la valeur à vos yeux et sur vos priorités.

Pour vraiment identifier ce que c'est pour vous, vous devez vous connaître et être complètement honnête pour vous assurer de rester fidèle à vos valeurs et à ce que vous voulez créer dans votre vie. La première chose à faire est de vous aimer : ce faisant, vous pourrez ignorer ces voix qui paniquent et geignent : « Qui suis-je pour mériter cela ? » « Qui suis-je pour accomplir cela ? » ou « Qui suis-je pour ressentir cela ? » Plus vous vous apprécierez, plus vous serez capable de faire confiance à votre vision. Avec suffisamment d'amour pour vous-même, vous pourrez découvrir ce que vous êtes censé faire tout en restant fidèle à vos buts.

Votre itinéraire peut vous faire prendre des directions inattendues, et sans doute ne serez-vous pas capable de voir le bout du chemin, mais vous saurez si vous avez pris le bon tournant et reconnaîtrez quand il faudra changer de direction. Tout sera clair pour vous parce que vous possédez une boussole intérieure qui ne peut vous égarer. En prêtant attention à vos croyances les plus précieuses et en les honorant, vous saurez quand un mouvement n'est pas juste. Vous aurez la capacité d'identifier les moments où vous êtes en perte de vitesse et d'en explorer bravement la raison en travaillant sur les barrages routiers que vous avez générés dans votre esprit et en accédant à votre créativité et à votre flexibilité.

Voici une chose importante à retenir : même si vous pensez avoir découvert la formule gagnante qui vous donne ce sentiment d'accomplissement et de bien-être que vous recherchez, sachez qu'elle peut changer demain. La formule s'ajustera aux différentes phases de votre vie. Par exemple, à une certaine période, vous

pourrez avoir envie de vous concentrer sur le désir d'atteindre vos buts, puis plus tard vous orienter davantage vers une envie d'être reconnaissant pour ce que vous avez. Chaque fois que vous sentez un désir ardent pour quelque chose de mieux — pour plus de plaisir et de bonheur — vous pouvez changer votre formule et trouver ce qui fonctionne pour vous au moment présent. Quand vous l'aurez découvert, vous verrez que toutes les choses auxquelles vous aspirez arrivent exactement en temps voulu parce que vous vous consacrez à votre passion.

Utilisez votre recette personnelle

Vous ne pourrez créer votre recette personnelle si vous ne savez pas ce que vous voulez faire. À cette fin, demandez-vous : «Quel est le but ou le principe directeur de ma vie?» Lorsque vous pourrez répondre à cette question, vous pourrez reconnaître aisément ce qui correspond à votre but et ce qui va à son encontre. Ainsi, pour n'importe quelle décision que vous devez prendre, posez-vous la question suivante : «Si je prends cette voie particulière, sera-t-elle alignée sur mon objectif?» Si vous constatez qu'elle ne l'est pas, vous saurez alors que ce n'est pas le bon chemin pour vous. Même si elle l'est, il faudra malgré tout vous demander s'il y a une autre voie qui pourrait également s'harmoniser avec votre intention : il peut exister un autre chemin qui surpasse le premier qui s'est présenté.

Pensez à votre but comme à un plat que vous aimeriez cuisiner, et à la formule gagnante comme à la recette.

En qualité de cuisinier, il vous faudra parfois faire sans des ingrédients particuliers ou attendre d'en obtenir d'autres. Il ne tient qu'à vous de décider si vous voulez mettre l'accent sur le fait de donner plutôt que sur la recherche du prestige, ou sur le contrôle de vos pensées afin de vous éloigner du perfectionnisme. C'est à vous de décider quoi faire et comment y arriver.

Bien que vous soyez en charge de votre vie et deviez déterminer ce qu'est pour vous la formule gagnante, vous n'aurez pas toujours l'entière maîtrise de vos circonstances. Tous les chefs cuisiniers doivent improviser de temps en temps, sans pour autant perdre de vue leur objectif. S'ils font de la soupe, ils savent qu'ils doivent éplucher des légumes. S'ils font un dessert, ils laissent les légumes de côté et commencent à fouetter la crème.

Identifier vos aspirations peut prendre du temps ; il m'a fallu de nombreuses années avant de reconnaître que la mienne était de contribuer positivement à la vie des autres. Si l'on m'offrait l'occasion de faire quelque chose qui ne corresponde pas à mon but et que je ne puisse me décider à la repousser, je m'interrogerais : *Pourquoi ferais-je cela alors que ça ne semble pas correspondre à mon but ?* Très souvent, la réponse est enracinée dans des croyances profondément enfouies qui ont besoin d'être guéries, telles que : *Parce que j'ai peur de ce qui arrivera si je ne le fais pas*, ou *parce que je dois prouver ma valeur*.

Les vieilles idéologies négatives peuvent être si ancrées dans notre esprit que nous devons travailler très dur pour les annihiler. Plus nous y travaillons, plus

elles s'affaiblissent et moins elles ont tendance à nous influencer. La seule façon de les éliminer totalement est de reconnaître lorsqu'elles nous affectent et de choisir consciemment de les remplacer par des sentiments plus sains qui s'alignent sur notre destination ultime.

La raison pour laquelle un grand nombre d'entre nous ne connaissent pas leurs aspirations vient du fait que nous avons été rarement encouragés à découvrir ce qui pourrait nous donner une raison d'être et un sentiment de plénitude. En général, on nous a appris à mener notre vie d'une certaine manière et on nous a dit que si nous rencontrons des problèmes, il nous faudra travailler dur pour les résoudre afin de revenir à la vie telle qu'elle devrait être. En fonction de ce contexte, nous pensons que nous serons heureux la majorité du temps. Mais si nous ne sommes pas alignés sur notre objectif et essayons de nous conformer aux idées de quelqu'un d'autre concernant ce qui pourrait nous combler, nous perdrons de vue ce qui nous est précieux et nous nous sentirons frustrés si les problèmes ne disparaissent pas. Même si nous n'avons que très peu de problèmes, si nous suivons la formule de bonheur d'une autre personne, il est probable que nous resterons insatisfaits et nous demanderons : *Est-ce vraiment ça le bonheur ?*

Nous sommes les seuls à savoir quel est notre but ou ce qui nous maintiendra connectés aux aspirations et désirs ardents de notre cœur et âme. Notre direction n'est pas nécessairement tournée vers quelque chose de grand ou de prédéterminé ; nous n'arrivons pas sur cette planète avec une seule mission immuable. Je pense qu'il nous incombe de décider ce qu'est notre but, et une fois trouvé, alors nous nous sentirons bien ancrés et sûrs de nous. Sur un certain plan — grâce à cette boussole interne — nous savons que c'est le cas, et c'est pourquoi nous aspirons à découvrir pourquoi nous sommes ici.

Votre but n'est pas obligatoirement lié au service des autres, mais si vous vivez tout *ce qui est*, il est difficile de ne pas affecter positivement les autres... et sans doute ne serez-vous même pas conscient de le faire. Comme George Bailey dans le film *La vie est belle*, vous pourriez oublier les nombreuses fois où vous avez pris la décision de faire le bien et de vivre votre vie selon vos valeurs, en influant profondément sur les autres.

Avoir un but précis

Avoir un objectif, c'est savoir que ce que vous faites à chaque instant est en parfait accord avec ce que vous êtes, vos valeurs et vos visions — c'est ce qui vous enracine et vous guide.

Récemment, je me suis rendue à un magasin de vêtements haut de gamme pour hommes avec l'intention de faire un cadeau à mon fils, Michel et à mon mari, Denis. Le vendeur aimait visiblement son travail, car il m'a saluée en ces termes : «Dites-moi, quels sont vos besoins aujourd'hui et comment puis-je vous aider à les satisfaire?»

Cette question m'a surprise étant donné que ce n'était pas ce que j'avais l'habitude d'entendre en entrant dans un magasin. Au lieu de répondre, «je regarde simple-

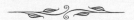
ment » comme je faisais habituellement, j'ai expliqué pourquoi j'étais dans sa boutique, car je sentais que cet homme voulait sincèrement m'aider à atteindre mon but. J'ai répondu : « Je dois acheter des vêtements pour mon fils pour les funérailles de ma mère, et comme c'est un adolescent, il a des idées très arrêtées sur les tenues qu'il doit porter. Je veux être sûre d'acheter quelque chose qu'il pourra de nouveau porter, même s'il continue de grandir. Et je voudrais aussi trouver un nouveau complet pour mon mari, mais lui aussi est très difficile. »

Le vendeur a commencé par me montrer un pantalon pour Michel, en décrivant pourquoi il pourrait lui convenir. Alors que je m'apprêtais à acheter aussi un porte-monnaie pour mon fils, il m'a déconseillé en m'expliquant que ce n'était pas son style. En partant, j'avais trouvé tout ce qu'il me fallait et j'ai dit au vendeur : « Vous savez, vous êtes vraiment excellent dans votre travail. » Il m'a répondu : « Merci ! Je suis très content de savoir que j'ai pu répondre à vos besoins. »

Si le but de ce vendeur avait été de vendre le plus possible d'articles chers, il n'aurait pas été aussi efficace. En outre, je serais probablement sortie du magasin, frustrée d'avoir dépensé autant d'argent pour des articles qui ne convenaient ni à Michel ni à Denis. Même si l'intention de cet employé était évidemment de vendre des vêtements, je suppose que son objectif de vie était clair, ce qui lui permettait de faire son travail sans chercher à manipuler les gens pour leur faire ouvrir leur portefeuille et acheter tout ce qui lui rapporterait une plus grande commission.

Quand nous vivons en accord avec notre objectif, nous expérimentons la joie, la générosité, la vérité et la curiosité. Nous attirons naturellement les moyens d'atteindre nos buts et connaissons exactement la marche à suivre — la vie est telle qu'elle devait être.

Ainsi, quelle est votre recette personnelle, votre formule gagnante? La réponse se trouve dans les derniers chapitres de ce livre.

Deuxième partie

ADAPTER LA FORMULE GAGNANTE À VOS BESOINS

S'ALIGNER SUR SON OBJECTIF

« Personne ne peut enseigner ce qui est à l'intérieur d'un être ; il doit le découvrir par lui-même et trouver une manière de l'exprimer. »

— EDUARDO CHILLIDA

La majorité des gens se contentent de réagir aux problèmes qu'ils rencontrent au lieu de se concentrer sur la joie de vivre, de créer des sentiments positifs, de croire qu'ils peuvent envisager une existence satisfaisante pour eux — et finalement découvrir leur formule gagnante. Nous devons abandonner les distractions qui nous poussent à courir ici et là et prendre du temps pour réfléchir — par exemple, en partant en retraite ou en vacances, en méditant, en tenant un journal ou en faisant une longue promenade. Prendre du recul et réfléchir à l'orientation de notre vie nous donne une chance d'examiner nos sentiments et nos découvertes — ou redécouvertes — qui nous tiennent le plus à cœur ; c'est une occasion d'examiner notre boussole interne.

Souvent, mais pas toujours, un sentiment d'accomplissement s'élève quand nous utilisons nos dons pour changer quelque chose dans le monde. Lorsque nous aidons les autres, nous nous apercevons que des gens s'intéressent à nous et qui peuvent compter sur nous. Nous aurons une meilleure image de nous — et davantage de confiance — en voyant la contribution positive que nous apportons. Mais comment pouvons-nous prendre conscience des dons qui sont les nôtres, et de la manière de les mettre en lumière, si nous sommes si occupés que nous ne nous arrêtons jamais pour nous demander : *Pourquoi suis-je ici ?* ou *Comment puis-je servir ?*

Comme je l'ai déjà mentionné, votre objectif ne sera pas nécessairement grandiose. Ce peut être simplement de mener une vie heureuse, de procurer de la joie aux gens qui vous sont chers et d'être une bonne personne. Mais le sens que vous donnez à « vie heureuse » et « bonne personne » n'est pas nécessairement celui que je leur donne — nous avons chacun nos propres valeurs et c'est très bien ainsi. Si vous prenez le temps de découvrir ce qui *vous* importe vraiment, vous commencerez à entrevoir ce qu'est votre formule gagnante personnelle.

Tout d'abord, procédez à une petite investigation. Avez-vous besoin d'être avec des gens et de vous impliquer profondément dans leur vie ? Avez-vous l'impression d'honorer votre objectif en passant de longues heures sur des recherches qui pourraient aboutir à de grandes percées scientifiques ? Avez-vous besoin d'être en contact avec votre esprit chaque jour par la prière et la méditation ? Ou bien vivez-vous votre spiritualité en interagissant simplement avec les autres de façon positive ?

Tout en réfléchissant aux activités qui ont un sens pour vous, ne minimisez jamais les moyens avec lesquels vous accomplissez vos buts. N'écoutez pas trop vite ceux qui cherchent à vous dévaloriser parce que vous n'avez pas agi comme ils l'auraient fait ou ne vous êtes pas exprimé d'une façon particulière. Il est possible que les gens ne réalisent même pas qu'ils vous blessent quand ils critiquent votre façon de vivre. Ils sont parfois si obnubilés par la formule du succès qu'ils ont appris à suivre qu'ils réagissent négativement quand quelqu'un les contredit. Ils ne savent probablement même pas ce qu'est leur formule gagnante et sont donc incapables de reconnaître que votre recette est fidèle à vos émotions, croyances et valeurs uniques. Il est important de toujours se rappeler qu'il existe plus d'une manière d'être spirituel, de se mettre au service des autres ou d'agir dans la vie.

Les sept éléments menant à la formule gagnante

Dans la première partie de ce livre, nous avons étudié les sept éléments qui composent la formule gagnante pour la satisfaction, le succès et le bonheur. Vous avez découvert les avantages liés à chacun d'eux et les inconvénients de trop se concentrer sur des principes spécifiques comme s'ils représentaient la solution ultime. Dans le processus, vous avez pris conscience que votre formule doit correspondre à votre propre voie vous permettant de trouver un équilibre dans votre vie, tout en utilisant ces sept qualités.

Ce qui suit est un résumé des sujets couverts dans les sept premiers chapitres, afin d'illustrer l'harmonie requise pour trouver votre formule gagnante :

1. Rechercher de l'aide.

Vous ne pouvez compter sur personne d'autre que vous pour vous sortir de votre malheur. Toutefois, vous n'êtes pas sur une île déserte, et il y aura des situations où il vous faudra rechercher le soutien des autres. L'équilibre consiste à trouver le juste milieu entre vouloir faire tout par vous-même et espérer que les autres le fassent pour vous.

2. Gérer vos pensées et vos émotions.

Personne d'autre ne peut vous rendre heureux ou triste, étant donné que vous êtes la personne qui choisit vos émotions et les pensées qui les soutiennent. Plus vos croyances et sentiments seront positifs, meilleures seront vos circonstances. Cependant, fuir vos émotions et pensées négatives n'est pas une solution. Vous devez tout d'abord les laisser s'exprimer afin d'en tirer des leçons, puis les laisser aller en les remplaçant par des sentiments plus positifs. L'équilibre consiste à accomplir votre travail intérieur parallèlement à votre travail extérieur, prêter attention à votre état d'esprit et vos émotions tout en agissant positivement. Il sera plus facile de vous motiver quand vous vous sentirez bien, mais vous devez agir quoi qu'il arrive. Si vous stagnez à l'étape de l'analyse et constatez que vous n'avancez pas — ou si vous vous contentez de vous sentir bien, de prendre plaisir à vos émotions sans jamais y travailler — vous n'êtes pas en équilibre.

3. S'orienter vers un but et son accomplissement.

Avancer progressivement vers votre but est important afin d'atteindre ce que vous désirez. Cependant, il y aura des moments où il vous faudra entrer dans un état de réceptivité sereine et être dans un endroit tranquille tandis que vous vous ouvrez à de nouvelles idées et possibilités avec la confiance inébranlable qu'elles se présenteront à vous.

4. Donner aux autres.

En équilibrant les actions de donner et de recevoir, vous serez capable de faire du bien autour de vous sans vous décourager ou vous épuiser.

5. Avoir de la gratitude.

Il est important d'accepter votre situation telle qu'elle est en ce moment, d'en tirer des leçons et de trouver des raisons d'en être reconnaissant. En même temps, vous aurez probablement le désir de créer quelque chose de mieux pour vous. L'équilibre consiste à trouver un juste milieu entre vouloir à tout prix quelque chose et l'acceptation.

6. Être attentif aux détails.

Si vous voulez atteindre vos objectifs, vous devez mettre les barres sur les *t* et les points sur les *i* et éprouver de la fierté à faire de votre mieux dans ce qui vous tient le plus à cœur. Toutefois, vous ne devez pas tomber dans le perfectionnisme, ni vous enliser si profondément dans les détails que vous perdez de vue vos priorités.

7. Être heureux.

Bien que vous puissiez aspirer à être heureux tout le temps, vous devez accepter que, tant que vous ferez partie de la race humaine, vous n'atteindrez jamais ce but. L'équilibre consiste à accepter les flux et les reflux naturels des émotions et à tirer des leçons de vos difficultés afin de vous en libérer et de retrouver ainsi la joie.

Le degré d'équilibre est différent pour chacun, et vous ne serez probablement pas dans une parfaite symétrie à tout instant et dans tous les domaines. L'équilibre s'installe au fil du temps, et les éléments qui composent une relation ou une personne harmonieuse changent constamment. Par exemple, un mariage devrait être un partenariat partagé à 50-50, mais à certains moments, l'un donnera 70 pour cent tandis que l'autre n'en donnera que 30, et à d'autres, l'un donnera 95 pour cent tandis que l'autre n'en donnera que 5. Les deux partenaires alternent entre apporter leur soutien et en recevoir afin qu'au fil du temps, l'union devienne harmonieuse.

Les gens cherchent toujours à équilibrer leur vie personnelle et leur vie professionnelle, en se concentrant à la fois sur leur famille et sur eux-mêmes. Si vous connaissez vos objectifs et vos priorités, vous aurez plus de facilité à atteindre cette parfaite proportion. Si vous vous réservez régulièrement du temps pour la réflexion et développez des habitudes d'introspection, vous pouvez être certain que vous retrouverez l'équilibre chaque fois qu'il vous arrivera d'en sortir.

Quand vous rompez l'équilibre

Si vous ne faites que réagir à la vie ou laissez les autres et les circonstances extérieures réorienter vos buts, vous perdrez votre sens d'orientation, et vos priorités deviendront confuses. Définissez et connaissez votre but, et réfléchissez-y souvent afin de pouvoir vivre en conformité avec votre recette de la réussite — la formule gagnante qui vous apportera la joie et le contentement que vous recherchez.

Personnellement, afin de m'assurer de rester équilibrée et fidèle à mes priorités — en trouvant un juste milieu entre faire et laisser faire — j'organise minutieusement mon temps. Je ne veux pas me retrouver soudain à penser : *Que fais-je de ma vie ? Comment en suis-je arrivée là et où vais-je ?* Je veux consacrer du temps à ressentir de la gratitude pour toutes les bénédictions que je reçois et me concentrer sur ce que je veux créer pour moi à chaque précieuse journée. Je reste vigilante et corrige ma trajectoire si je commence à passer trop de temps sur quelque chose qui m'éloigne de mon objectif.

Par exemple, s'il est 17 heures et que je m'aperçois soudain que j'ai tant travaillé que je n'ai pas adressé plus de deux phrases à mon mari de toute la journée, le plus souvent, je fais le choix conscient de fermer mon ordinateur. Il est important pour moi de passer du temps avec mon mari et mon fils afin de me sentir complètement présente dans l'instant. Ainsi, quand je réalise que je n'ai pas assez dialogué avec eux, je mets fin à mon travail de la journée. Et si je suis à table à partager un dîner avec ma famille, je gère mes pensées et m'empêche de spéculer sur ce que je vais faire demain. Croyez-moi, il m'a fallu de longues années et d'innombrables efforts pour ramener ma vie à un meilleur équilibre — il n'est pas facile de briser les habitudes inconscientes.

Bien sûr, il m'arrive parfois d'être totalement submergée par une tâche et de rester connectée à Internet bien au-delà de l'heure du dîner. La différence est que, dans ce cas, je fais en général un choix conscient. Si je laissais faire les automatismes, sans prendre conscience que je romps l'équilibre, travailler trop deviendrait vite une habitude profondément enracinée. Je me retrouverais rapidement à mener une vie très différente de celle pour laquelle j'ai travaillé si dur. Je fais donc mon choix : j'essaie de ne pas perdre de temps à me sentir coupable ou à me remettre en cause, et je reste consciente du besoin de retrouver mon équilibre en faisant un choix plus sain le lendemain. Même si je ne suis dans un équilibre parfait tout le temps — personne ne l'est — c'est toujours ce que je cherche à atteindre.

Les exercices suivants peuvent vous aider à créer l'harmonie en utilisant le pouvoir de vos émotions. Écoutez vos instincts qui vous diront quels scénarios vous aimeriez créer dans votre esprit et les sentiments que vous aimeriez générer. Vous et vous seul savez, au plus profond de vous, si vous portez trop attention aux détails, passez trop de temps dans la négativité, recherchez toujours l'aide des autres, alors que vous avez la capacité de régler vos propres problèmes, etc. Lisez ces exercices lentement puis mettez-les en pratique.

Exercice 1

Créer des émotions positives en utilisant votre mémoire

Repensez à un moment où vous avez accompli l'une des actions suivantes :

- Vous vous en êtes sorti seul.

- Vous avez laissé quelqu'un d'autre prendre soin de vous.

- Vous avez consciemment géré vos pensées et vos émotions.

- Vous avez cessé d'analyser vos pensées et émotions et avez simplement fait ce que vous deviez faire.

- Vous avez franchi un obstacle et êtes allé de l'avant afin d'atteindre un objectif particulier.

- Vous vous êtes donné du temps pour ralentir votre rythme afin de découvrir l'étape suivante à franchir, et la sagesse s'est alors présentée à vous.

- Vous avez donné aux autres du fond du cœur en sentant que c'était juste.

- Vous avez pris du temps pour vous occuper de vous et vous régénérer après avoir donné aux autres.

- Vous avez exprimé une sincère gratitude.

- Vous avez ressenti un profond désir de créer quelque chose de mieux que ce que vous aviez.

- Vous avez pris soin des détails d'une certaine tâche et avez obtenu des résultats positifs.

- Vous avez pris la décision de lâcher prise sur certains détails d'une opération et vous vous êtes concentré sur le tableau d'ensemble.

- Vous vous êtes réellement senti heureux.

- Vous avez reçu une profonde révélation du fait d'avoir écouté ce que vous ont enseigné vos sentiments douloureux.

Repassez ces scénarios dans votre tête. Remémorez-vous les émotions que vous avez ressenties et savourez-les.

Exercice 2

Créer des émotions positives en utilisant votre imagination

Choisissez l'une des pensées suivantes et embellissez-la en créant dans votre imagination une scène correspondante qui vous permettra de générer des émotions positives.

Pensez à :	*Imaginez une scène dans laquelle vous :*
• un problème avec lequel vous vous débattez	• réglez le problème par vous-même
• une émotion douloureuse que vous ressentez	• ressentez une émotion plus positive
• un objectif que vous voulez atteindre	• agissez en visant un objectif que vous finissez par atteindre
• quelqu'un que vous aimeriez aider ou une cause à laquelle vous aimeriez contribuer par un moyen ou un autre	• aidez une personne ou contribuez à une cause de façon à changer réellement la vie des autres
• quelque chose que vous aimeriez obtenir dans votre vie	• ressentez sincèrement une profonde gratitude pour tout ce que vous avez et pour avoir réalisé ce que vous souhaitiez

• une situation pour laquelle vous vous sentez très anxieux de régler les détails	• vous concentrez sur le tableau d'ensemble et que tous les détails se règlent d'eux-mêmes sans que vous ayez à vous en inquiéter ou à faire des efforts
• une situation qui vous permettrait de vous sentir heureux	• expérimentez un sentiment de joie profonde.

Rendez la scène la plus fidèle possible dans votre esprit. Sentez les émotions comme si la situation était réelle et non un simple exercice d'imagination.

Temps d'arrêt et réflexion

Là où je vis au Canada, j'ai souvent l'occasion de parcourir de longues distances en voiture. J'aime conduire lentement car cela me donne l'occasion de m'éloigner des distractions et de réfléchir. Ces possibilités de m'évader et de réfléchir sont très importantes pour moi, car je me suis aperçue que si je ne fais pas d'introspection, je me laisse envahir par le stress qui finit parfois par déclencher une maladie — ce qui est un signe de déséquilibre.

Vivre en accord avec votre but signifie avoir une vision. Un manque d'orientation conduit à foncer dans tous les sens — pour éteindre les feux ou essayer de résoudre des problèmes — sans savoir où vous allez ni pourquoi vous voulez y aller. En vous accordant un petit temps d'arrêt, vous pouvez vous calmer et réfléchir, ce qui vous permet d'avoir une plus grand perspective, de recharger vos batteries et de corriger votre ligne de conduite.

J'ai eu toutes sortes d'emplois formidables dans ma vie, mais je me souviens de l'un d'entre eux pour lequel j'ai été licenciée au début de ma carrière. Bien que ce soit une horrible sensation de s'entendre dire : «vous ne faites pas l'affaire», après avoir rangé mon bureau et pris ma voiture pour rentrer chez moi, j'ai eu la possibilité de penser à ce qui venait de se passer et j'ai dû admettre que cet emploi ne me convenait pas. Plusieurs personnes m'avaient chaudement recommandé cette compagnie parce qu'elle était censée être la place idéale où travailler. Cependant, tout au fond de moi, j'ai eu la sensation qu'elle ne me correspondrait pas, particulièrement parce que sa technologie me semblait très obsolète. Je savais que je ne me sentirais pas très fière de travailler là, et ceci est important pour moi.

En dépit de mon pressentiment, j'ai écouté les autres et posé ma candidature pour un emploi qui consistait à rédiger un manuel d'instruction pour un nouveau produit. Comme ce n'était pas moi qui le vendais, je me suis convaincue de passer outre mes sentiments négatifs concernant ce travail, la compagnie et son produit, et de simplement m'acquitter des heures de bureau et de recevoir mon salaire (qui était au demeurant généreux). Malgré cela, j'ai détesté chaque minute de cet emploi! J'avais un bureau sombre, étroit et sans fenêtre à l'arrière du bâtiment qui me faisait penser à une cellule de prison où je purgeais une peine sévère. Avec une telle attitude, je ne donnais pas le meilleur de moi-même et n'arrivais pas à m'intéresser au travail — moi-même, je me serais licenciée! Mais à l'époque, je ne me respectais pas assez pour dire : «Je mérite un travail qui me convient, qui m'inspire à me rendre au bureau chaque matin pour entamer une autre journée excitante.»

Une fois au chômage, j'ai considéré cet incident comme une occasion de prendre de la distance face à mes comportements craintifs et réactifs. Ainsi, malgré ma difficulté à lâcher prise sur mes peurs de manquer d'argent et d'avoir un vide dans mon CV, sur lequel mes futurs employeurs ne manqueraient pas de m'interroger, je savais que je devais cesser de m'inquiéter de l'opinion des autres et de commencer à me tourner vers ma boussole interne.

Je me suis interrogée sur ce que je voulais et avais besoin, puis je me suis concentrée sur le type de travail qui correspondrait le mieux à ma vision d'une vie heureuse, satisfaisante, excitante, gratifiante et remplie d'abondance. J'ai pensé à la façon dont j'avais fait des compromis sur des valeurs importantes à mes yeux, dans le seul but de me faire embaucher, et comment je m'étais sentie par la suite. Et même si je me rappelle encore combien j'ai été choquée, embarrassée et paniquée à cette époque de ma vie, je suis reconnaissante d'avoir eu cette occasion de découvrir par moi-même

l'importance de considérer mon but avant de prendre de grandes décisions. Depuis, je suis très lucide quant à la définition de ma propre formule gagnante. Elle change selon les circonstances — quand je suis devenue mère par exemple, les idées que j'avais sur le genre de vie que je désirais ont beaucoup changé — mais mes valeurs les plus profondes ont toujours déterminé ma recette personnelle.

Aider les autres à découvrir leur *propre* passion et les assister à explorer les nombreux éléments qu'ils peuvent incorporer dans leur formule gagnante personnelle est devenu ma passion. Auparavant, j'ai œuvré en tant que coach personnel, mais aujourd'hui j'écris et j'enseigne aux gens à vendre leurs livres et à développer une plus grande sérénité. Je me sens en paix tout en restant enthousiaste, parce que je sais que je vis en accord avec mon propre ensemble de valeurs et de désirs.

De l'insouciance à la vigilance

À une époque, j'avais une dentiste qui me conseillait d'utiliser quotidiennement le fil dentaire et elle insistait sur l'importance de le faire afin de prévenir la gingivite, qui non seulement conduisait à la perte des dents, mais aussi au diabète et à des problèmes cardiaques. Même si je prenais ses avertissements au sérieux, j'oubliais toujours de suivre ses conseils, car je n'avais pas l'habitude d'utiliser le fil dentaire. Au cours d'une visite, elle m'a donné une poignée de fils dentaires et a dit : « Je recommande d'en laisser un sur votre lavabo, là où vous êtes sûre de le voir, et d'en mettre un dans votre sac à main,

un dans la voiture et les autres dans des endroits bien en vue pour vous en rappeler. » J'ai suivi ses recommandations et je suis parvenue facilement et presque immédiatement à développer l'habitude d'utiliser régulièrement du fil dentaire. Je ne pouvais y échapper, car il était partout, me rappelant mon intention.

De la même façon que j'ai appris à utiliser le fil dentaire régulièrement, j'ai pris l'habitude d'énoncer mes affirmations en me préparant le matin et à les répéter souvent au cours de la journée. Je les ai imprimées et j'ai commencé à en mettre partout : dans mon sac à main, dans ma voiture, sur ma table de nuit, près du miroir de la salle de bain, à côté de mon ordinateur et sur la porte de mon réfrigérateur. Au feu rouge, je regardais la liste de mes affirmations et les lisais à haute voix dans ma voiture, tout en déclenchant les puissantes émotions liées à ces pensées positives. Je sortais même la liste de mon sac et les lisais silencieusement dans la salle d'attente du médecin. Je les regardais chaque fois que j'avais un moment ou que mes yeux se posaient dessus. De cette manière, non seulement je me sentais en pleine forme et optimiste pendant les dix minutes de ma routine matinale, mais je ressentais ces émotions durant toute la journée.

Les résultats ont été incroyables. Voyez-vous, quand je me contentais de travailler sur des affirmations une fois par jour et de me sentir bien durant un petit moment, cela ne changeait pas grand-chose à mon état émotionnel général. La plupart du temps, je m'inquiétais, j'avais une mauvaise image de moi, ou je pensais à mes problèmes et aux difficultés qu'ils engendraient. Une

si petite quantité de pensées constructives ne pouvait donc pas contrebalancer tant d'énergie négative — pas étonnant que cela ne marchait pas! Ainsi, lorsque j'ai pris l'habitude de lire plus fréquemment ces puissantes affirmations, j'ai rapidement développé un sentiment de bien-être, au lieu de me sentir mal la plupart du temps.

Établir *l'habitude* d'être positif vous permet de vous rappeler votre désir d'équilibre et d'avoir le contrôle de vos pensées et émotions. Très vite, vous discernerez quand votre pensée devient destructrice et la transformerez immédiatement en vous demandant : *Puis-je tirer des leçons de ce que je ressens ici?* ou *Cette émotion est-elle le résultat de pensée négative habituelle?* Si vous pouvez en tirer une leçon, c'est bien ; assoyez-vous et explorez cette dernière. Sinon, changez immédiatement. Après avoir expérimenté votre capacité à créer une perspective plus favorable du seul fait de transformer vos pensées, vous saurez que vous pouvez le faire immédiatement en abandonnant ce sentiment pessimiste et en le remplaçant par une pensée constructive.

Ainsi, même s'il n'existe pas une seule réponse permettant à chacun de créer son bonheur et l'accomplissement de sa vie, vous pouvez, comme tout le monde, découvrir votre formule gagnante. Il existe une formule simple afin de surmonter la tâche, parfois intimidante, de parvenir à votre quête ultime de félicité et de satisfaction, et c'est ce que vous allez apprendre dans le prochain chapitre.

PROCESSUS EN TROIS ÉTAPES POUR ÉTABLIR VOTRE FORMULE GAGNANTE

« La création d'un millier de forêts tient dans un seul gland. »

— Ralph Waldo Emerson

Récemment, au cours d'un voyage, je me suis arrêtée pour dîner dans un restaurant chinois qui se vantait d'avoir un buffet de plus d'une centaine de plats au menu. Je me suis dit qu'avec un tel choix, je trouverais bien quelque chose de délicieux à manger. Mais en regardant le buffet, j'ai découvert que la plupart des mets proposés baignaient soit dans la sauce, soit dans l'huile ou étaient trop frits. Étant donné que ce n'était pas le genre de repas qui me convenait, j'ai vite compris que mes options n'étaient pas aussi vastes que je l'espérais.

Si vous êtes entré dans le processus de décider ce que vous voulez pour vous-même — et que vous recherchez des avis, des guides et des informations — vous vous sentirez probablement submergé au début, mais vous réaliserez ensuite que vos choix sont aussi abondants qu'un buffet de 100 items. Ce seul nombre peut vous sembler trop énorme à considérer, mais en y regardant de plus près, vous commencerez à faire un tri et à éliminer rapidement ceux qui ne vous conviennent pas.

Il est tout à fait normal de réagir à tant d'informations et à tant d'options en espérant que l'une d'entre elle résoudra nos problèmes et nous conduira à la réussite, à la satisfaction et au bien-être. La vie serait bien plus simple s'il existait une solution qui fonctionnerait pour tout le monde ; cependant, une seule taille de vêtement ne pourrait convenir à tous.

Même les suggestions pratiques que vous voyez sur Internet ou dans des magazines ne sont pas toujours appropriées à votre cas. Par exemple, je suis un jour tombée sur une liste d'astuces pour perdre du poids qui disait : « Ne mangez jamais après 20 heures », ce qui semble difficile si vous travaillez jusqu'à 19h30. Une autre méthode consistait à mettre une photo de vous avec votre surpoids sur le réfrigérateur pour vous dissuader du grignotage... cependant, j'ai aussi entendu dire que vous devez coller une photo de vous sur laquelle vous êtes mince et jolie sur votre frigo pour qu'elle vous inspire. Les avis contradictoires foisonnent. Le meilleur conseil diététique que j'ai entendu est : « Mangez moins et consommez surtout des légumes. » Ne serait-ce pas formidable si chaque dilemme de la vie pouvait être résolu aussi simplement ? Mais en réalité, même cet avis n'est pas si simple. Devez-vous cuire les légumes ou les manger crus ? Si vous mangez moins, s'agit-il de moins d'aliments ou moins de calories et de plats cuisinés industriels ? Et ne devriez-vous pas plutôt augmenter

votre consommation d'aliments riches en nutriments et en fibres ? Je pourrais continuer ainsi longtemps...

Même si vous êtes à la recherche de réponses simples, elles sont malheureusement rares. Vous pourrez tomber de temps à autre sur certaines recommandations générales qui vous interpellent, mais quelle est la meilleure méthode qui vous permettrait de faire le tri parmi tous ces conseils et d'arriver à comprendre ce qui fonctionne pour vous ? Je pense que c'est en suivant l'approche en trois étapes : *distinguer*, *accorder* et *modifier*.

1. Distinguer les informations et les choix potentiels

La première étape pour mettre de l'ordre dans ces énormes quantités d'informations et de choix potentiels est de ralentir votre rythme pour vous mettre à l'écoute de votre intuition : voyez-vous, il y a une raison qui a fait que vous avez choisi ce livre et pas un autre, et pourquoi vous avez été attiré vers ce partenaire potentiel et pas un autre. Si vous avez une bonne image de vous-même et la certitude que vous ferez les bons choix, vous aurez moins de mal à faire le tri. Vous serez capable d'écouter votre intuition et de vous engager dans une certaine direction au lieu de vous remettre en question ou d'appeler vos amis et de prendre vos décisions par rapport à ce qu'ils disent.

Chaque fois que les gens commencent à m'énumérer tous les avis contradictoires qu'ils ont reçus, je leur demande de s'arrêter quelques instants et d'écouter ce que leur dit leur intuition. C'est étonnant de voir le nombre de fois quand ils savent ce qu'ils veulent faire, mais pensent qu'ils *devraient* vérifier toutes les autres options. Souvent, cette incapacité à séparer le bon grain de l'ivraie est enracinée dans des sentiments négatifs tels que la peur, la culpabilité et une mauvaise image de soi. Si mes clients ne se font pas assez confiance pour prendre la bonne décision, ils s'abstiendront tout simplement d'en prendre. S'ils n'ont pas une bonne image d'eux-mêmes, ils ne pourront respecter leurs désirs et leurs passions et opteront pour un choix qui, selon eux, sera approuvé par les autres; dans ce cas, ils prendront probablement un chemin qui ne leur convient pas.

Si vous cherchez à éviter de prendre une décision, si vous êtes submergé par toutes les possibilités qui se présentent à vous ou si vous souhaitez solliciter l'aide d'un autre pour simplifier votre processus de pensée, arrêtez-vous et identifiez ce que vous ressentez. Générez des émotions positives telles que l'amour, la foi et la confiance, et ce faisant, vous verrez qu'il est plus facile de faire les bons choix et de vous concentrer sur ceux qui vous conviennent.

La curiosité est aussi une émotion positive parce qu'elle vous ouvre à une multitude de possibilités. En entrant dans une grande librairie par exemple, vous pouvez vous réjouir de voir tous ces volumes sur les étagères et les tables et être impatient de les feuilleter. Même si la quantité de choix vous semble écrasante et déroutante au début, si vous suivez votre intuition, vous saurez vers quelle partie du magasin vous diriger et quels livres consulter. Laissez votre intuition vous guider, car si vous ne faites qu'écouter votre tête, vous risquez d'occulter

l'influence des croyances négatives inconscientes, telles que : *Les gens comme moi ne s'intéressent pas à ce genre de livre, je vais donc éviter cette section car quelqu'un est peut-être en train de me regarder*, ou *Je dois absolument lire sur ce sujet, même s'il ne m'inspire pas du tout.*

Suivez votre intuition lorsque vous êtes confronté à une série de choix, puis laissez votre esprit entrer en résonnance avec cette idée. Les décisions qui seront en harmonie avec votre moi véritable ne seront jamais mauvaises, même si elles vous conduisent à des situations qui peuvent vous donner de sévères leçons. Si votre tête et votre intuition travaillent ensemble, elles vous aideront à distinguer entre les choix représentant de bonnes possibilités et ceux que vous pouvez laisser de côté.

2. Conciliez votre abondance de choix à vos désirs intérieurs

L'étape suivante nécessaire dans la création de votre formule gagnante pour accéder à la satisfaction, au bonheur et à la réussite, consiste à descendre au plus profond de votre conscience afin de pouvoir identifier les valeurs, désirs et talents qui sont les vôtres et que vous avez trop tendance à négliger. Vous ne pourrez faire de choix éclairés tant que vous ne saurez pas ce que *vous* voulez.

Durant les nombreuses années que j'ai consacrées à encourager les gens à atteindre leurs buts et à avoir de grands rêves, j'ai découvert que la plupart d'entre eux souffraient d'une sorte d'amnésie dès qu'il était question des merveilleux dons qu'ils possèdent. Par exemple, j'ai eu récemment un client avec lequel c'était un bonheur de travailler. Il suivait mes suggestions à la lettre en prenant des mesures immédiates pour mettre ses décisions en pratique et passer à l'étape suivante de son plan, et ne cessait de me remercier pour tout ce que je faisais pour lui. Ce qu'il n'avait pas réalisé, c'était que je ne faisais que lui montrer ce que je discernais de ses propres compétences et talents. Il n'avait jamais pris le temps d'examiner ses atouts et ne s'était en fait jamais considéré comme un travailleur acharné, bien que ce soit la plus forte impression que j'avais de lui !

Peut-être avez-vous remarqué quelque chose de similaire chez l'un de vos proches, car il arrive si souvent que les gens se sous-estiment. Lorsqu'ils se sentent inquiets, vulnérables ou incertains, ils oublient complètement les merveilleuses choses qu'ils ont accomplies ; je pense que cela est dû au fait que la plupart d'entre eux n'ont jamais reçu beaucoup d'éloges ou d'encouragements dans leur enfance. Vous étiez certainement réprimandé ou critiqué lorsque vous faisiez une bêtise ; mais combien de fois vos parents, enseignants, proches, sœurs ou frères aînés vous ont-ils félicité quand vous aviez accompli quelque chose de bien ? Sans doute avez-vous fini par considérer vos capacités, talents et traits de caractère positifs comme allant de soi... jusqu'à ce qu'ils disparaissent de votre perception consciente de ce que vous êtes.

Une partie de la réflexion consiste à prendre le temps de reconnaître ce que vous faites de bien. Avez-vous bien traité vos enfants en les conduisant à l'école

aujourd'hui ? Avez-vous géré un conflit avec un collègue en établissant un dialogue sain et productif ?

Notez également ce que vous avez fait de positif et d'admirable dans le passé. Quels sont les talents que vous possédez et que vous avez oubliés ? Je suis toujours fascinée d'apprendre que quelqu'un que je connais a un passé intéressant, a triomphé d'un énorme défi ou a maîtrisé un talent de grande valeur. En identifiant les dons que vous avez négligés, vous découvrirez que vous avez des outils que vous pouvez utiliser pour atteindre vos objectifs personnels.

Il peut être utile d'avoir un ami, un coach, un thérapeute ou un proche qui nous rappelle nos qualités positives, étant donné que nous ne voyons le plus souvent qu'un seul côté de nous-mêmes. Récemment, ma sœur m'a acheté un miroir de maquillage qui me permet de modifier la clarté et de voir à quoi je ressemble à la lumière du jour ou quand il fait sombre, et son revers me permet de voir mon visage magnifié cinq fois. Je n'avais jamais réalisé combien j'avais l'air différent quand la lumière changeait ou quand je me regardais de plus près. Souvent, nous ne sommes même pas conscients que la manière dont nous nous considérons est très différente de celle dont les autres nous perçoivent.

Bien qu'il soit bénéfique que les autres nous rappellent nos traits de caractères louables, il est aussi utile d'avoir l'avis de parties neutres qui nous montrent toutes les contradictions entre ce que nous affirmons comme nos valeurs et les choix que nous faisons. Même si ce n'est pas toujours agréable à entendre, il est important que nous y réfléchissions. Nous devons être aussi diligents que possible quand nous examinons des choix — nos décisions devraient en tout temps être prises consciemment afin qu'elles correspondent à la personne que nous sommes vraiment.

Quand faire un choix devient difficile

Lorsque vous êtes pris de panique devant un choix à faire, vous avez tendance à le faire trop rapidement pour pouvoir vous détendre et retrouver un état plus paisible. Si vous abordez une crise ou un problème de cette façon, il est probable que vous prendrez la mauvaise décision. Voyez-vous, vous ne pourrez avoir accès à votre sagesse intérieure tant que vous ne vous serez pas calmé et ne vous ferez pas confiance — ce n'est qu'à cette condition qu'elle vous indiquera la marche à suivre.

L'une des raisons pour lesquelles il nous arrive de paniquer et de sauter à des conclusions trop rapides vient du fait que nous nous sentons mal à l'aise dans les circonstances où nous nous trouvons. Voici un exemple tiré de ma vie personnelle : pour moi, la province où nous vivons actuellement me pose des problèmes parce que je ne parle pas français et qu'il est très difficile de trouver un médecin dans le coin. Même si Denis et moi avons pris la décision de déménager une fois que Michel aura obtenu son diplôme d'études secondaires, j'avais déjà entrepris des recherches sur Internet pour trouver des maisons à vendre. Je sais que, quand le temps sera venu, nous dénicherons le bon endroit ; malgré tout, étant particulièrement pressée de déménager, je ressentais toujours l'envie d'appeler un agent

immobilier et de m'engager dans l'achat d'une nouvelle maison *maintenant*.

Heureusement, j'avais deux bons amis qui me connaissaient bien. Chaque fois que je les appelais en disant : «J'ai trouvé une maison en Ontario et je pense que je devrais aller la visiter, au cas où», ils me rappelaient gentiment que ce serait aller à l'encontre de ma formule gagnante à cette étape de ma vie. Une partie de moi voulait les entendre dire : «Tu as raison, Peggy, c'est une maison fabuleuse. Oublie tes plans... je pense que vous devriez déménager immédiatement. » Mais là encore, s'ils venaient à me faire ce genre de réponses, ils ne seraient pas de si grands amis. Je suis reconnaissante d'avoir des gens dans ma vie qui m'empêchent de prendre des décisions impétueuses en me montrant que je m'écarte de la formule gagnante qui m'est impartie.

Il arrive parfois que nous n'aimions tout simplement pas les choix qui s'offrent à nous sur le moment : je ne veux pas rester là où je vis, mais je ne veux pas non plus déménager tout de suite, car cela obligerait mon fils à quitter précipitamment son collège et ses amis. Je sais qu'avec le temps, les circonstances changeront et que j'aurai d'autres options, mais comme la situation actuelle n'est pas idéale, j'ai l'impression que rien n'arrivera jamais. Je sais qu'au lieu de me concentrer sur ce que je n'ai pas, je dois me concentrer sur ce que j'ai et ressentir de la gratitude et de la joie maintenant.

3. Modifiez la formule gagnante en fonction de l'évolution de vos besoins et désirs

La formule gagnante change au fil du temps parce que la vie change — et vous aussi. En fait, modifier votre formule gagnante en fonction de votre évolution intérieure — générant ainsi un nouveau mélange d'éléments qui vous convienne — est un procédé que vous appliquerez tout au long de votre vie.

Quand des sentiments d'insatisfaction refont surface, c'est le signe clair que vous devez reconsidérer votre formule gagnante. Peut-être avez-vous toujours aimé voyager pour votre carrière, mais désirez maintenant vous établir quelque part. Peut-être sentez-vous que vous vous êtes trop concentré sur la résolution de certains problèmes de votre vie et n'avez pas passé assez de temps à simplement jouir de ses bienfaits. Peut-être avez-vous envie de consacrer plus de temps à consolider vos finances actuelles ou à servir la communauté. Si vous êtes conscient que le temps est venu pour une transformation, il est très important de vous efforcer de générer des sentiments positifs afin de pouvoir ajuster votre formule personnelle pour accéder à la satisfaction, la joie et la réussite.

Les gens sont souvent mécontents à l'idée de modifier leur formule gagnante, parce qu'ils ont peur des changements. Ils peuvent devenir anxieux et pessimistes. Incapables de voir les possibilités de créer une meilleure situation pour eux-mêmes, ils se concentrent uniquement sur les problèmes qui les empêchent d'être heureux. Cependant, s'ils acceptaient de générer plus

de joie, ils commenceraient à percevoir des moyens de contourner les obstacles, étant donné que les émotions positives déclenchent notre créativité.

Il existe d'innombrables façons d'utiliser nos ressources afin d'attirer les occasions qui nous apporteront des gratifications. Par exemple, j'enseigne aux gens comment gagner de l'argent en ligne. Tel que je le vois, Internet offre des possibilités illimitées d'utiliser notre imagination pour générer des biens en vendant des produits, des services et des informations. La Toile permet l'accès à une clientèle dans le monde entier, et toutes sortes d'ouvertures qui nous aideront à trouver les personnes qui seront les plus susceptibles de répondre à nos messages ou produits particuliers. Je suis consciente des nombreuses possibilités du Web, parce que j'ai résolument choisi de stimuler mes propres émotions positives, ce qui me met dans un état extrêmement créatif.

Je conçois combien il peut être facile de croire que vos circonstances actuelles ne s'amélioreront jamais, mais ce n'est tout simplement pas vrai. *Tout* change. Vous devez vous demander : «Est-ce que j'ai envie de réagir aux changements qui me sont imposés ou prendre mes responsabilités et créer la vie que je désire avoir?» Gardez à l'esprit que les portes s'ouvrent et se ferment, mais qu'il y en a toujours une qui reste ouverte quelque part. Ainsi, si l'une d'elles vous claque au nez, servez-vous de votre curiosité et confiance et persévérez jusqu'au moment où vous rencontrerez une nouvelle opportunité.

Vous pourriez par exemple découvrir que votre clientèle a baissé ou que les besoins des gens ont changé, que vous avez déménagé dans une région où les occasions

d'atteindre vos buts ne sont pas aussi évidentes et abon-
dantes, ou que votre situation financière s'est modifiée.
Même si tous ces changements risquent d'affecter votre
formule gagnante, essayez de rester confiant, elle repo-
sera toujours sur vos valeurs essentielles; il vous suffira
parfois de prendre un peu de recul et de rechercher de
nouvelles ouvertures. Soyez patient quand vous tentez
de découvrir de nouvelles solutions, parce que les idées
ne se présenteront pas toujours à vous immédiatement.

À l'évidence, vous n'êtes plus ce que vous étiez hier,
avant-hier, 5 ou 20 ans auparavant… et vous ne serez
pas la même personne à l'avenir. Pourtant, les gens ont
tendance à l'oublier, à s'enfermer dans une définition
limitée de qui ils sont et à s'y cramponner désespérément. Par exemple, soutenir que vous n'êtes pas le genre
de personne qui pourrait agir ainsi offre un faux sens de
sécurité. Êtes-vous certain de ne pas être ce «genre
de personne»? Chercher à savoir si vous avez vraiment
ce qu'il faut pour atteindre votre but peut être excitant
et revigorant à condition de maintenir un état créatif et
de vous ouvrir à toutes les possibilités.

Pour créer la vie que vous désirez, il vous suffit parfois
d'exploiter les facultés et les talents que vous possédez
déjà, mais que vous avez négligés. Là encore, ce qu'il y
a entre vous et la vie que vous aimeriez avoir peut être
simplement la peur. Le changement vous demandera
souvent d'abandonner quelque chose, que ce soit grand
ou petit, même s'il est probable que vous obtiendrez
autre chose en retour. Par exemple, même s'il vous faut
dépenser de l'argent et du temps ou abandonner votre

confort pour atteindre votre formule gagnante, pensez à que vous allez créer pour vous-même !

Ne sacrifiez jamais les rêves et les valeurs auxquels vous tenez. Vous n'avez pas à compromettre votre intégrité pour gagner de l'argent ou à dissimuler ce que vous êtes vraiment pour trouver un partenaire. Si vous restez vrai avec vous-même et suivez le triple processus de *distinguer, concilier, modifier* — en générant toujours des émotions et des pensées positives — les circonstances de votre vie viendront s'aligner sur vos intentions.

Examinez vos sentiments

Pour conclure ce chapitre, je voudrais insister sur ce point : chaque fois que vous cherchez à déterminer si quelque chose est en harmonie avec votre but ou votre formule gagnante, prenez un moment pour réfléchir et observez avec votre intuition. Serait-il nécessaire de changer votre état émotionnel du négatif en positif ? En d'autres termes, vous savez peut-être exactement ce que vous devez faire, mais il reste encore à affirmer votre confiance et à apprendre à vous aimer afin de trouver le courage d'aller de l'avant. Si vous avez peur des changements fortuits qui pourraient se produire alors que vous commencez à vous orienter vers une autre direction, méditez sur cette peur. Si, par exemple, vous décidez de changer de métier, de retourner aux études ou de vous installer dans une autre région, certaines de vos relations peuvent en pâtir. Si vous avez trop peur de réfléchir aux conséquences de vos transitions, soit vous avancerez en refusant la réalité, soit vous éviterez tout changement quel qu'il soit.

Par l'examen de soi, vous devenez conscient de votre but initial et des changements que vous ferez, étant donné que vos émotions sont une source riche d'informations. Si vous vous sentez très excité, il est probable que vous êtes sur la bonne voie. Mais même dans ce cas, vous devez continuer à examiner vos sentiments. Êtes-vous vraiment enthousiaste, ou vous efforcez-vous de l'être parce que vous pensez que vous devez l'être ? Êtes-vous agité tout en ayant un peu peur ? Dans ce cas, explorez cette sensation de crainte, car ce n'est parfois qu'un phénomène mental enraciné dans une ancienne croyance. Continuez et observez cette croyance — consciemment et courageusement — et ne soyez pas surpris si elle n'a rien à vous apprendre, étant donné qu'il s'agit sans doute d'une entrave dont vous devez vous débarrasser.

Se sentir nerveux face à un changement ne veut pas dire qu'il ne vous convient pas. Par exemple, vous pouvez décider qu'il vous faut développer une nouvelle compétence afin d'atteindre votre but, et dans l'enthousiasme, vous payez immédiatement quelqu'un pour vous l'apprendre. Puis, au fur et à mesure de la formation, vous commencez à vous sentir mal parce que vous réalisez subitement que ce n'est pas fait pour vous ou que l'instructeur n'est tout simplement pas celui qui vous convient. En explorant ces croyances reliées à vos peurs et insécurités, vous pourrez définitivement en tirer une leçon.

En fait, vous pourriez vous apercevoir que la véritable leçon que vous étiez supposé tirer de cette expérience n'est pas celle à laquelle vous pensiez. Sous l'effet de votre insécurité, vous accordez peut-être trop rapidement votre confiance à quelqu'un qui vous impressionne pour les mauvaises raisons, et vous réalisez maintenant que cette personne ne sait pas enseigner efficacement ce que vous avez besoin d'apprendre. Grâce à cette expérience, vous savez clairement ce qu'il vous faut et partez à la recherche du parfait instructeur. Quelle que soit l'ampleur de votre désarroi, n'oubliez pas qu'il peut avoir quelque chose à vous enseigner, étant donné que les révélations et les inspirations se manifestent souvent quand vous écoutez votre intuition et vos sentiments. Tant que vous tirerez des leçons de vos faux pas, ils n'auront pas été pris en vain. Parfois, une mauvaise piste peut vous mener dans la direction même où vous devez aller.

Quel que soit le chemin que vous prenez, vous n'y cheminerez pas seul, parce que vous aurez toujours besoin de l'aide des autres pour vous soutenir de diverses manières. Dans le chapitre suivant, vous apprendrez que le travail avec les autres fait partie intégrante de votre formule gagnante.

TRAVAILLER AVEC AUTRUI POUR CRÉER LA VIE QUE VOUS DÉSIREZ

« Le don met en relation deux personnes, le donneur et le receveur, et cette connexion donne naissance à un nouveau sens d'appartenance. »

— DEEPAK CHOPRA

Personne ne peut atteindre ses buts seul, nous sommes tous connectés et l'aide des autres nous est indispensable. Malheureusement, nos peurs et nos insécurités nous empêchent de demander ou d'accepter l'assistance dont nous avons besoin. Trop souvent, nous nous méfions des gens qui semblent différents de nous et doutons qu'ils puissent nous aider. Nous n'avons pas conscience que, même si nous avons l'air si différents en surface, nous avons de nombreuses valeurs et désirs en commun ; il arrive simplement que nous ne soyons pas d'accord sur la façon d'atteindre nos objectifs ou d'interagir avec les autres.

Quelle que soit notre formule gagnante, la voie vers le bonheur, la satisfaction et la réussite n'est pas une route solitaire et déserte. Nous rencontrerons des gens sur le chemin, et plus nous serons dans l'acceptation et la compassion — non seulement vis-à-vis d'eux mais aussi vis-à-vis de nous-mêmes — plus nous accepterons de recevoir et d'offrir notre aide au cours de notre cheminement.

Convergence d'opinions

Nous avons tous des talents et des intérêts différents qui mènent à diverses sortes de priorités. Par exemple, j'ai peu d'intérêt pour les questions financières, mais Denis sait très bien que ce n'est pas pour autant que je néglige de protéger nos biens. Je préfère simplement avoir une vue générale sur nos investissements et lui laisser gérer les détails et notre argent. Une compréhension mutuelle s'est établie entre mon mari et moi, et nous savons que nous n'avons tout simplement pas les mêmes intérêts. Franchement, je suis plus encline à trouver des manières de générer des revenus plus élevés qu'à m'impliquer dans toutes sortes d'investissements différents.

Que vous ayez affaire à des collègues, des partenaires financiers, des membres de la famille ou des voisins, sachez qu'ils ont probablement une recette du succès différente de la vôtre — mais n'en tirez pas la conclusion qu'ils ne s'intéressent pas à la vôtre. Par exemple, si vous sentez que vous donnez davantage que ne le fait votre conjoint, vous pouvez avoir l'impression qu'il ne vous épaule pas. Cependant, il est possible que dire « je t'aime » ou se montrer affectueux ne soit pas important pour lui, et que sa façon de donner soit de rapporter un bon salaire afin de pourvoir aux besoins de la famille.

Vous devez vous rappeler que certaines personnes pensent que travailler dur pour atteindre un objectif, tout en s'exprimant très peu est suffisant, tandis que d'autres estiment que la communication entre les membres d'une équipe est indispensable pour le bonheur et le bien-être de tous ceux qui sont impliqués, et pour pouvoir établir des priorités claires. Ainsi, chaque fois que vous percevez une divergence d'opinion quand vous travaillez avec les autres, faites preuve de curiosité et essayez de voir le monde à travers leurs yeux. Demandez-leur pourquoi ils agissent ainsi et écoutez leur réponse. Acceptez leur point de vue, et n'en faites pas une affaire personnelle s'ils ne partagent pas toutes vos opinions et valeurs. Recherchez un terrain d'entente, et vous découvrirez que la distance entre vous et autrui n'est finalement pas si grande.

Demandez et vous recevrez

Je crois beaucoup au réseautage, parce que la plupart des gens sont impatients d'aider les autres et aiment penser qu'ils sont indispensables et importants. Ainsi, quand on leur demande de donner des avis, de présenter leur vision ou d'aider ceux qui sont sur le même chemin sans toutefois être arrivés aussi loin, c'est une occasion pour eux d'expérimenter la joie de donner.

Je n'avais aucun contact dans l'édition quand j'ai commencé à écrire mes livres, mais j'étais certaine de trouver des personnes qui me donneraient un coup de main, et j'ai travaillé ferme pour rencontrer des écrivains célèbres. Je leur ai facilité la tâche en ne leur demandant pas plus que ce qu'il me fallait et en respectant leur emploi du temps. D'ailleurs, le programme de marketing Internet que j'enseignais à ce moment-là traitait de la manière de trouver des partenaires commerciaux pour les écrivains. Le plus grand défi que rencontrent mes clients n'est pas que personne ne veuille les *aider*, mais plutôt que trop cherchent à le faire!

Grâce à Internet, il est possible de se connecter avec toutes sortes de gens dans le monde entier. Je suis assez âgée pour me rappeler que, quand je voulais contacter une personne, je devais composer le numéro sur un cadran de téléphone en espérant l'avoir à l'autre bout du fil, parce que les messageries vocales n'existaient pas encore et que les répondeurs étaient rares. Malgré tout, il était quand même possible de trouver des partenaires commerciaux à cette époque.

Même maintenant, à notre ère de technologie avancée, si vous cherchez des excuses à votre incapacité de contacter des gens, vous en trouverez toujours; mais si vos objectifs sont nourris par la passion, vous trouverez toujours un moyen d'établir des contacts utiles. Si vous hésitez à entrer en contact avec des gens que vous ne connaissez pas ou peu, cherchez une chose que vous avez en commun pour pouvoir établir un rapport avec eux. Pouvez-vous illuminer leur journée, leur faire une faveur ou leur faciliter le plus possible la tâche de vous aider?

Très souvent, la vraie raison pour laquelle les gens hésitent à demander de l'aide n'est pas parce qu'ils sont incapables de trouver des hommes ou des femmes aptes à les aider, mais parce qu'ils craignent que leur requête dérange et entraîne une certaine hostilité. N'ayez pas peur de demander de l'aide; soyez simplement respec-

tueux, poli et clair sur ce que vous voulez. Les gens sont libres de dire non, et vous n'êtes pas responsable de ce qu'ils ressentent. Si vous leur demandez de vous donner des informations ou de faire quelque chose pour vous, c'est à eux à vous faire savoir s'ils veulent le faire. S'ils acceptent, ils vous diront s'ils attendent de vous une compensation pour leur assistance.

Ne soyez pas mal à l'aise si des gens vous font sentir qu'ils vous donnent plus qu'ils ne le devraient. Ils ont sans doute l'impression d'avoir déjà trop donné à d'autres et ont besoin de marquer une pause, mais ils vous donnent par habitude. Ou peut-être n'ont-ils pas été honnêtes avec eux-mêmes en ce qui concerne leurs priorités, ce qui les a rendus amers. Rien de tout cela n'est de votre faute.

Naturellement, vous ne devez pas exiger trop de quelqu'un, ni donner l'impression que vous n'appréciez pas ce qu'il vous offre. Si vous-même pouvez donner de façon inconditionnelle, il est évident que vous ne demanderez jamais trop, ne serez pas paresseux ou ne solliciterez pas quelque chose qui est de votre responsabilité. Par exemple, si vous demandez : « Comment vais-je arriver à faire cela ? », avec un sentiment de gratitude, l'autre personne pourrait très bien dire : « Eh bien, je vais le faire pour toi. » Vous pourriez être très surpris de sa générosité !

Tant que votre requête provient de la bonté et de la confiance et non de la peur de manquer, de l'insécurité et de la jalousie, vous n'imposez rien aux autres. Une professionnelle que je connais dit que quand des clients potentiels commencent à raconter leurs histoires de victimes, elle s'abstient d'entrer dans leur jeu. Par expérience, elle sait que ces personnes sont en déséquilibre et percevront probablement son intervention à travers leur «lentille de martyre», les rendant ainsi suspicieux et méfiants. Lorsque ses clients ont une bonne image d'eux-mêmes, ils sont ouverts à ses suggestions et bien plus enclins à donner et à recevoir à partir du cœur.

Il suffit de dire oui pour recevoir de l'aide

Quand vous êtes dans un état émotionnel positif — en vivant selon votre formule gagnante — vous êtes capable de déléguer des tâches quand c'est nécessaire. Même si certains de mes employés n'effectuaient pas les tâches exactement comme je l'entendais, j'étais malgré tout reconnaissante d'avoir quelqu'un qui pouvait faire le travail. Récemment, une femme que j'avais embauchée a écrit un communiqué de presse auquel j'ai dû apporter beaucoup de changements. Elle s'est répandue en excuses pour n'avoir pas su se rapprocher de ma vision, mais je lui ai fait remarquer qu'elle m'avait épargné beaucoup de temps en écrivant la première version et lui ai exprimé ma reconnaissance pour son travail et sa diligence. Je sais qu'il lui faudra du temps pour apprendre à composer des ébauches correspondant mieux à ce que j'aimerais lire, et je suis donc patiente avec elle. Ayant réussi à lâcher prise et à reconnaître que les autres voient les choses différemment, je peux maintenant apprécier la grande valeur du travail de mon employée — et son approche personnelle de la tâche. Même si j'ai estimé que ma méthode

correspondait mieux dans ce cas précis, reconnaître la perspective d'un autre qui voit les choses différemment peut être très utile à certains moments.

Si vous devenez trop rigide sur la façon dont les choses sont *supposées* se dérouler, vous vous fermez à des possibilités très intéressantes. Vous êtes nourri par le besoin de contrôler les autres et vous finissez par être trop critique, ou incapable de faire confiance à quiconque car il ne pourrait réussir à accomplir le travail colossal que vous faites. Toutefois, si vous vous détendez, que vous n'êtes pas frustré, en train de juger ou de critiquer, il sera bien plus facile de travailler avec les autres.

Outre le fait de réduire nos tendances exacerbées de contrôle, recevoir de l'aide exige que nous nous aimions, même si nous n'avons pas ce qu'il faut pour résoudre seuls tous nos problèmes. Étant donné que nous ne sommes pas faits pour vivre isolés, nous sommes censés apprendre les leçons de la pratique « donner-et-recevoir » en travaillant avec les autres. Et cela signifie donner inconditionnellement, savoir accepter et demander de l'aide quand nous en avons besoin.

Comme je l'ai déjà mentionné, demander de l'aide exige du courage. Les hommes sont particulièrement réticents dans ce domaine ; ils essaient de résoudre seuls tous les problèmes car ils ne veulent pas paraître faibles aux yeux des autres. En fait, beaucoup plus de femmes que d'hommes sollicitent des conseils. Je suppose que c'est parce qu'on a enseigné aux femmes qu'il n'y a rien de mal à demander de l'aide, tandis que les hommes ont été conditionnés à croire qu'ils devaient « encaisser », souffrir en silence et trouver des solutions par eux-mêmes. Cependant, nous devons tous, hommes comme femmes, apprendre à répondre à une proposition d'aide par un simple «Oui, merci! J'apprécierais vraiment si tu pouvais faire cela pour moi.»

Nous avons chacun nos faiblesses et pouvons donc avoir plus de facilité à demander de l'aide dans un domaine que dans un autre. Si vous savez que vous avez besoin d'une assistance, mais évitez de la demander, c'est probablement que vous avez peur. Dans ce cas, essayez de faire naître le courage en vous-même, mais même si cette crainte ne vous quitte pas, demandez de l'aide quoi qu'il arrive — ce seul geste peut réduire votre niveau d'anxiété.

Toutefois, ne commettez pas l'erreur de perdre confiance en vous simplement parce que vous prenez conscience que vous avez des améliorations à faire — tout le monde est dans le même bateau! Par exemple, si vous ne communiquez pas bien avec votre enfant, ce n'est pas ce qui fait de vous un mauvais parent; ou si vous ne gérez pas bien vos finances, vous n'avez pas à vous sentir embarrassé parce que vous avez besoin de quelqu'un d'autre pour équilibrer votre budget. Plus vous apprendrez à vous accepter, plus facile ce sera d'admettre que vous avez besoin de l'aide d'autrui afin de surmonter les obstacles sur votre chemin vers la réussite.

L'aide est tout autour de vous

Tout en cherchant de l'aide, vous pourriez avoir tendance à penser : *Mais je ne connais personne qui puisse comprendre le problème avec lequel je me débats.* Pourtant,

commencez à parler aux gens ; vous serez surpris de leur connaissances insoupçonnées ou de leurs connexions avec les autres. Par exemple, je connais une éditrice indépendante qui m'a dit qu'elle recevait souvent des appels d'aspirants auteurs, recommandés par des amis ou sa famille… et même par sa coiffeuse de longue date. Vous souvenez-vous de ce film, *Les six degrés de séparation* ? Il s'appuyait sur la théorie selon laquelle il suffirait d'une chaîne de six relations individuelles pour relier une personne à n'importe quelle autre à travers le monde. Il se peut que vous ne soyez qu'à un ou deux pas de cette personne en mesure de vous aider.

Internet est devenu un merveilleux outil d'assistance en aidant les gens à trouver des informations et des appuis. Commencez par rechercher un simple terme et regardez où cela vous mène. Il y a des forums en ligne, des groupes de soutien et des sites qui peuvent vous aider à localiser des professionnels spécialisés dans le domaine qui vous intéresse. Facebook et les autres sites Web de réseaux sociaux de même nature peuvent aussi vous relier à d'autres personnes qui partagent vos intérêts. En fait, plus que jamais, les adultes utilisent ces sites pour rencontrer les autres et communiquer par réseau — et non pas uniquement pour surveiller leurs adolescents.

Demandez de l'aide et vous obtiendrez très vite l'assurance que vous n'êtes pas seul : des tas de gens sont prêts à vous aider à atteindre vos buts. Vous vous apercevrez que même des personnes complètement étrangères comprennent et compatissent à ce que vous traversez. (En fait, les étrangers se révèlent parfois de meilleurs soutiens émotionnels et fonctionnels que vos proches).

Au fur et à mesure que grandira votre sentiment de joie et d'espoir, vous serez vous-même incité à donner aux autres. Vous réaliserez que vous faites partie d'une communauté bien plus vaste de gens qui veulent sincèrement contribuer à un monde meilleur et apporter du bonheur aux autres chaque fois qu'ils le peuvent. Quelle merveilleuse situation!

Le soutien vient généralement des amis et de la famille, mais quand vos proches sont incapables de vous encourager à atteindre vos buts, ce peut être difficile de garder un esprit positif et de ne pas se sentir blessé. À propos des réflexions négatives des autres, l'une des leçons que j'ai apprises est que vous devez en considérer la source : certains individus ont leurs propres problèmes qui ne leur permettent pas de faire ce qu'ils aimeraient pouvoir faire pour leurs proches.

Durant mon adolescence, mes parents pouvaient se montrer très durs avec moi. Ils travaillaient beaucoup, élevaient quatre enfants et n'étaient pas du genre à dire : «Je suis si fier de toi!» Ce n'était pas uniquement causé par la manière dont ils avaient été élevés — mon père en particulier avait vécu une enfance très difficile émotionnellement. À mon époque, les gens ne comprenaient pas combien il est important d'aider les enfants à se sentir appréciés, précieux et aimés de manière inconditionnelle. Je sais qu'à leur façon mes parents m'aimaient et voulaient que je le sache, mais ils étaient incapables de m'apporter le soutien dont j'avais parfois besoin. J'ai dû finalement apprendre à accepter cette attitude.

Il peut être difficile de gérer le manque d'approbation des autres, mais quand vous réalisez qu'ils ne seront pas là pour vous, prenez garde à ne pas développer des sentiments négatifs envers vous-même. Dépersonnalisez la situation et faites de votre mieux pour les comprendre et respecter leur passé. Si vous êtes dans l'acceptation et l'amour, vous créerez des émotions positives qui vous permettront de découvrir d'autres possibilités de soutien. J'ai connu beaucoup de gens qui ont trouvé d'incroyables encouragements auprès d'hommes et de femmes qu'ils connaissaient à peine.

Lorsque vous travaillez avec les autres et rencontrez des difficultés, restez fidèle à votre formule gagnante. Quand des conflits se présentent, quand vous n'êtes pas certain de l'action à prendre ou de quel côté vous diriger, tournez-vous vers l'intérieur. Générez des émotions positives et recentrez-vous sur vos valeurs et priorités les plus profondes. Si vous vous apercevez qu'elles ont changé, il est temps d'ajuster votre formule gagnante. Soyez fier de votre honnêteté, de votre évolution et de votre désir de changer de voie afin d'aligner vos objectifs sur les aspirations de votre cœur. Demandez du support et du réconfort auprès d'autrui chaque fois que vous doutez, mais laissez le dernier mot à la voix intérieure qui est connectée à la sagesse de l'Univers : celle qui vous sert de boussole interne. Vous avez le potentiel d'être un gagnant dans chaque domaine de votre vie, mais vous

devez cesser de chercher la réponse à l'extérieur. Vous, et vous seul, pouvez définir la formule gagnante qui créera en vous un sentiment de passion, de contentement, de satisfaction, d'émerveillement, de réussite et d'impatience de rendre votre vie meilleure. Faites-le, parce que vous méritez la vie que vous désirez!

REMERCIEMENTS

Écrire un livre est une chose, mais présenter des remerciements est un défi, du moins pour moi. Il y a tant de personnes qui méritent ma reconnaissance, et je sais qu'une page ou deux ne suffiraient pas à l'exprimer à tous ceux et celles qui m'ont apporté leur prodigieux soutien que je reçois avec gratitude.

Ma vie a été bénie par deux hommes particuliers : mon fils Michel et mon mari Denis. Tous deux me rappellent gentiment que je dois rester sincère avec les messages de ce livre et vivre avec des intentions claires pour pouvoir me sentir satisfaite. Je ne peux imaginer ma vie sans eux.

À Nancy Peske, la cocréatrice talentueuse de ce livre (et beaucoup d'autres)… Merci ! Si vous m'écoutez parler de Nancy, vous n'entendrez que des éloges et de fervents commentaires. Nancy est un cadeau de Dieu — un ange sur Terre — qui m'aide à délivrer des messages importants à mes lecteurs et lectrices du monde entier.

Mon agente dévouée, généreuse et au grand cœur, Cathy Hemming, est un autre phare lumineux dans ce monde et dans ma vie. Elle croit en moi, m'offre un soutien absolu, ne juge jamais, donne toujours, et aime inconditionnellement. J'adore sa manière de conclure ses courriels par « Ta fidèle agente, je t'aime, Cathy. »

Je suis extrêmement reconnaissante envers le groupe d'éditeurs incroyablement talentueux recommandé par Hay House : Jill Kramer, Alex Freemon, Shannon Littrell et Patrick Gabrysiak. Merci de mettre tout votre cœur et toute votre âme dans votre travail et de générer une vague de bonté dans ce monde.

À l'équipe commerciale derrière la campagne de lancement de mes livres sur Internet, dirigée par ma sœur Judy O'Beirn, mon adorable nièce Jennifer Gibson, mon autre adorable nièce Amy Lusk, et la merveilleuse Yvonne Higham, un grand merci pour l'énorme support et le travail considérable que vous avez déployé dans cette campagne réussie, qui a permis de remettre ce livre dans les mains des personnes qui l'apprécient le plus.

Chaque semaine, je rencontre ma très chère amie, Arielle Ford, qui s'est révélée, elle aussi, un véritable génie créatif ! Elle me soutient, me guide et possède un brillant esprit de marketing. Mais, le plus remarquable est son esprit bienveillant. Arielle donne sans réserve, plus que toute autre personne que j'ai rencontrée.

L'ensemble des maîtres d'œuvre chargés de mes livres a été et continue d'être un merveilleux support et un groupe d'amis merveilleux. Arielle en fait également partie ! Je suis reconnaissante d'être associée à un groupe de visionnaires, leaders, écrivains et orateurs talentueux qui comprend entre autres : John Assaraf, Marci Shimoff, Ken Foster, Debbie Ford, Gay Hendricks et Greg Reid. Merci pour le soutien continuel et les brillantes idées dont vous avez fait preuve.

Un immense merci aux personnes qui m'ont enseigné ma formule gagnante : Bob Proctor, Zig Ziglar, Deepak Chopra, Louise Hay, Wayne Dyer, Neale Donald Walsch, Og Mandino, Tony Robbins et tous les autres!

Finalement, mille mercis à ma clientèle et à vous, mes chers lecteurs, que j'ai l'immense chance de servir.

AU SUJET DE L'AUTEURE

Auteure à succès du *New York Times* et experte reconnue internationalement dans le domaine de l'achèvement des objectifs, Peggy McColl encadre depuis 25 ans des particuliers, des athlètes professionnels et des organisations, et les incite à réaliser leurs buts et à atteindre leur plein potentiel. Elle est présidente et fondatrice de *Dynamic Destinies, Inc.*, une organisation qui forme les écrivains, les entrepreneurs, les chefs d'entreprise et les employés aux technologies modernes d'établissement d'objectifs les plus efficaces et les plus stratégiques.

Peggy est l'auteure des best-sellers du *New York Times* suivants : *La switch de votre destin*, *21 principes de la richesse* et *Ne lâchez pas votre os : poursuivez toujours vos rêves*.

Pour de plus amples informations sur Peggy et son œuvre, rendez vous sur son site :

www.destinies.com

www.ada-inc.com
info@ada-inc.com

www.facebook.com/editionsada

www.twitter.com/editionsada